MW01709427

Retrouvez nos prochaines parutions, les ouvrages du catalogue et les événements à ne pas rater. Votre avis nous intéresse : dialoguez avec nos auteurs et nos éditeurs. Tout cela et plus encore sur Internet à :

http://blog.editionsleduc.com

Images : Fotolia

© 2011 LEDUC.S Éditions

17, rue du Regard
75006 Paris – France
E-mail : info@editionsleduc.com
ISBN : 978-2-84899-461-1

Alexandre Roth

LE KIT DE L'HOMME SÉDUISANT

LEDUC.S ÉDITIONS

SOMMAIRE

INTRODUCTION

Un livre vraiment utile

En prenant un livre en main, n'importe lequel – ce moment où je regarde la couverture, où je relis le titre –, je me demande toujours « pourquoi ». Pourquoi l'auteur a-t-il voulu l'écrire... Et j'aimerais vous expliquer pourquoi j'ai écrit cet ouvrage et surtout ce que vous pourrez en tirer.

Ce livre n'est pas pour votre plaisir... Entendez par là que son but est sérieux et qu'il n'a pas été écrit pour vous distraire. Mais tant mieux s'il vous en procure, du plaisir ! Si j'ai décidé d'écrire ce livre, c'est avant tout pour vous fournir des outils et des pistes de réflexion utiles et efficaces, fruits de mon expérience de coach en matière de séduction et en développement personnel. Ce livre, je l'ai écrit et façonné en pensant à celui que j'aurais rêvé avoir à ma disposition lorsque j'ai entrepris ce travail sur moi-même, afin de devenir un homme meilleur. N'ayons pas peur des mots ni du dédain qui, parfois, accompagnent les généralités : si vous êtes en train de lire ces lignes, c'est que votre objectif est de vous améliorer, d'être plus séduisant, d'avoir davantage confiance en vous.

Outre mon expérience de coach en séduction et en développement personnel, je suis passé par une longue phase de travail sur moi. Mon adolescence n'a pas été bercée par les découvertes amoureuses et l'éveil sexuel qui caractérisaient la vie des autres garçons de mon âge. Mon truc à moi, c'était plutôt les consoles de jeux, les parties en réseaux et l'écran de mon ordinateur. Plutôt que de me soucier de mon apparence et de mon inquiétant surpoids, je préférais m'entraîner activement, paquet de chips, bouteille de soda et joystick favori en main, pour les championnats nationaux et mondiaux de jeux vidéo où j'étais considéré comme une des stars de ce microcosme, signant manette et boîtier de jeux à la volée.

Puis un jour, un choc dans mon petit monde. Une élimination à une compétition anodine sans enjeu me fit prendre conscience que je ne pouvais continuer ainsi, entouré seulement de mes ordinateurs et frappé de mon manque de sociabilité autre que virtuelle.

Qu'avais-je donc fait, jusqu'à présent, de ma vie ?

Rien du tout. Du jour au lendemain, je décidai donc de tout arrêter et de me prendre enfin en main.

Sport, avec la perte d'une vingtaine de kilos, passion naissante puis études personnelles et spécialisation dans la mode et le style masculin, établissement d'un plan d'études et de carrière, travail sur moi-même et envie débordante de parler et rencontrer des personnes bien réelles ailleurs que sur MSN ou Yahoo Chat… Une vie nouvelle commençait, pleine de défis et de perspectives. Avide de toujours m'améliorer, je finis un jour par tomber sur les fameuses communautés de séducteurs et leurs nombreux sites et forums spécialisés. Un peu crédule, je fus d'abord fasciné par ce petit monde pour qui tout semblait logique et mécanique, de la manière d'aborder la belle inconnue croisée dans le métro aux premiers ébats. Cependant, avec un peu de recul et d'expérience, je me rendis vite compte du manque de cohérence et de réalisme de leurs idées, confinant leurs auteurs et leurs suiveurs au seul plaisir de débattre d'efficacité et de résultats fictifs entre hommes sur un forum de discussion. Ce qui, dans un premier temps, me frappa et me fascina, c'était cette incroyable instabilité et complexité des relations hommes-femmes, bien loin des mécanismes logiques que nous vendaient ces dites communautés.

C'est pour cela qu'après quelques années d'expérience et d'analyse, je décidai de lancer ma propre entreprise de coaching, que j'appelai *Lifestyle Conseil*. Pourquoi ce nom ? Tout simplement parce que, comme vous allez le découvrir au fil de ces pages, l'apprentissage unique et cloisonné de la séduction est particulièrement contre-productif. Ce n'est pas en apprenant, pour ne pas dire en vendant, des répliques toutes faites que l'on apprend à se comporter avec une femme. La logique est l'inverse de celle qui est largement répandue : séduire ne s'apprend pas ou peu. Ce qui est important, c'est de devenir séduisant. Vous comprenez la nuance ? Mon approche peut se résumer ainsi : avant de vouloir séduire les femmes de vos rêves, devenez d'abord l'homme de vos propres rêves. Selon moi, « l'apprentissage » (je n'aime vraiment pas ce mot) de la séduction passe par un travail de développement personnel plus général. C'est essentiel. Pour séduire, vous devez donc entreprendre un profond travail sur vous-même, afin de devenir séduisant. Ce qui est bien différent des conseils que l'on entend habituellement à propos de drague et de séduction.

Sur ces principes, je décidai donc de lancer mes ateliers de coaching et de relooking. Pas de formules magiques ni de théorèmes mathématiques pour accoster une femme, pas de tenues clichés en inadéquation avec le style de vie de l'intéressé lors de mes relookings… Que du naturel et du cohérent… Avec le souci de toujours étudier, améliorer et enrichir mes compétences.

Ceci n'est pas un livre de formules magiques

Le constat le plus effarant que j'ai pu tirer de mon expérience au sein de ces communautés de la séduction est cette propension disproportionnée à croire qu'en matière de relations humaines, et plus particulièrement hommes-femmes, tout peut s'expliquer d'une manière logique. À chaque situation, une solution toute trouvée, toute belle, censée apporter mécaniquement le résultat espéré. Cela confère à ses adeptes une vision binaire de la vie, occultant toute la beauté et l'imprévisibilité qui caractérisent les relations humaines.

Ce que ce livre n'est donc pas, c'est une boîte de formules magiques et logiques. Il s'agit plutôt d'un ensemble de réflexions et de conseils, qui vous apportera les clés pour mieux appréhender et construire vos rapports avec les femmes, et pour vous aider à progresser et à devenir un homme meilleur. Nous sommes donc ici à des kilomètres de ce qui se fait habituellement en matière de séduction, que ce soit en France ou (et surtout) aux États-Unis, où la valorisation du côté mécanique des rapports avec autrui atteint son paroxysme.

Je ne peux pas vous garantir à 100 % qu'après lecture de ces pages vous n'aurez qu'à lever le petit doigt pour séduire les femmes qui vous plaisent. Ça, d'ailleurs, personne ne peut le faire, à moins de n'avoir aucun scrupule à passer pour un charlatan. En revanche, ce que je peux vous garantir, c'est que ces pages vous seront utiles dans votre démarche de compréhension de l'autre, femme ou homme, et de développement personnel. Au passage, laissez-moi vous dire quelques mots à ce sujet... Ce concept de développement personnel est, à tort, souvent connoté négativement. New Age, gourou, faux psychologue... Il est vrai que beaucoup ont galvaudé ce terme en le faisant passer pour une sorte de religion postmoderne qui pourrait guérir l'ensemble de nos maux inhérents à notre époque. Pour moi, dans la manière dont je l'entends et dont je m'en sers, le développement personnel n'est rien de plus que la démarche globale de vouloir progresser dans les différents domaines de sa vie.

Faire du sport pour sculpter son ventre bedonnant, c'est du développement personnel. S'organiser afin de dégager du temps libre pour se cultiver, c'est du développement personnel. Vouloir améliorer son look et se forger un style, c'est du développement personnel. Je pourrais continuer ainsi longtemps... Le développement personnel n'est pas le remède miracle à votre dépression ou votre cancer. Le croire serait une hérésie et un danger car cela vous détournerait des remèdes plus efficaces. Cependant, c'est le développement personnel qui vous aidera à structurer et optimiser votre démarche avec un psychologue ou à vous permettre de trouver les ressources de courage et de volonté nécessaires pour suivre votre chimiothérapie. Et ce livre de développement personnel vous aidera à progresser.

Vous arrive-t-il d'avoir l'impression de ne rien comprendre aux femmes ? De ne pas comprendre certaines de leurs réactions, par exemple ? C'est courant. Pourquoi ? Parce que ce cliché selon lequel les hommes viennent de Mars et les femmes de Vénus est en partie vrai, comme on le verra dans ce livre. Les hommes et les femmes ne sont pas identiques ! Mais plutôt que de vouloir expliquer les relations avec une logique entièrement masculine (ou, à l'inverse, entièrement féminine), il est bien plus enrichissant et surtout efficace d'analyser et de comprendre ce qui se joue réellement. C'est ce que l'on va faire dans ce livre.

Ces pages et ces mots sont l'unique expérience d'un homme qui s'adresse à d'autres hommes, avec la même sensibilité générale enrichie par son expérience, qu'elle soit professionnelle, en tant que coach, ou personnelle. Cette « sensibilité générale » que nous avons en commun, c'est cette nécessité de concret. Vous n'aimez pas et n'avez pas envie d'entendre d'interminables et abstraits discours. Moi non plus.

Ainsi, j'ai fait en sorte que ce livre ne soit rien d'autre que du contenu pratique, applicable tout de suite pour analyser et comprendre vos relations aux autres et vous améliorer dans tous les domaines de votre vie. Pour devenir un homme meilleur. Vraiment.

Et après ?

Une fois ce livre refermé… que faire ? Prendre tout au pied de la lettre et foncer tête baissée à l'abordage ? Pas du tout !

La première chose à faire après votre lecture est de mettre en perspective ce que vous aurez appris et vos expériences passées, votre façon de voir les choses, votre tempérament. La nature est bien faite, nous ne sommes pas des robots au fonctionnement identique, mais bel et bien des êtres humains différents les uns des autres dans des milliards de nuances, des plus larges aux plus subtiles. C'est pour cela que cette prise de recul et cette réflexion sur vous sont une nécessité absolue pour que ces pages vous apportent autant que ce qu'elles sont en mesure de le faire.

Ne prenez pas ce livre comme un bloc, indissociable et indivisible, mais servez-vous-en comme un guide en vous replongeant dans certaines pages ciblées en fonction de votre situation et de vos interrogations du moment. Ne restez pas figé le nez dans votre lecture. Vivez votre vie, vos expériences, puis, en fonction de vos besoins, relisez certains passages afin de trouver l'aide et les pistes de réflexion que vous cherchez.

Les exercices en fin d'ouvrage vous aideront à trouver certaines réponses, ou, du moins, à vous mettre sur la piste. Ne les négligez pas. Dépassez le caractère scolaire de la chose et voyez-les comme des tests qui vous aideront à vous orienter dans la bonne direction.

Enfin, avant de vous laisser vous plonger dans le vif du sujet, je me permettrai quelques mots sur *Lifestyle Conseil*, mon agence de coaching. Je vous invite à nous rejoindre en vous inscrivant gratuitement sur le forum du site Lifestyle-conseil.com afin d'échanger, dans un cadre de pragmatisme et d'enrichissement. Pour vraiment progresser.

Messieurs, bonne lecture !

1 DÉVELOPPER LE BON ÉTAT D'ESPRIT

Top 5 des clichés sur les relations hommes-femmes

1. Il faut être doux, gentil, romantique et compréhensif pour séduire.

Dans un monde merveilleux gouverné par les Bisounours, l'attitude du gentil fait chavirer les cœurs. On retrouve souvent cette attitude idéalisée au cinéma et dans la littérature de gare où l'amour triomphant l'emporte toujours sur la méchanceté. Dans la vraie vie, l'excès de gentillesse dans les rapports n'est pas une attitude séduisante. Certes, c'est sympathique, donc agréable en société, mais ce n'est pas un comportement séduisant et excitant pour une femme. On a tous en tête l'exemple de la fille qu'on a convoitée et qui décrivait l'homme idéal comme étant doux, gentil, romantique... un homme capable de la comprendre. Pourtant, elle finissait toujours par sortir avec le crétin du groupe...

Être gentil, c'est s'assurer de ne pas se montrer comme un être sexué, un amant potentiel. Je ne dis pas qu'il faut faire l'inverse et manquer de respect aux femmes. La méchanceté par défaut n'est pas plus constructive que son opposé. Ici il s'agit de se montrer « homme », avec ses qualités et ses défauts assumés. L'homme attirant, c'est avant tout l'homme pluriel, celui qui sait jouer et composer entre son rôle en société et sa nature d'animal social et donc sexuel. L'homme qui épate ses patrons lors d'une belle démonstration de ventes en réunion de travail et qui plaque ensuite sa collègue sur la photocopieuse pour lui faire l'amour violemment. Un être double qui sème le trouble dans les pensées de ces dames. Un homme capable d'exprimer sa liberté sans entraver celle des autres. Un homme pour qui la gentillesse n'est pas un mécanisme de défense sociale visant à se faire accepter de tous. C'est un homme qui sait qu'il ne peut pas plaire à tout le monde et qui n'hésite pas une seconde à s'affirmer en société.

Pour ce faire, il faut dépasser les barrières imposées par la norme sociale et être capable de communiquer ses émotions aussi bien positives que négatives. Les femmes savent apprécier un moment de douceur… après une première rencontre musclée ou un rapport sexuel endiablé. Il faut toujours contrebalancer votre comportement. N'agissez pas gratuitement et ne donnez pas si vous ne recevez rien en amont. La gentillesse comme mode de communication par défaut bride automatiquement vos autres caractéristiques mâles attirantes, à savoir l'imprévisibilité, la virilité, le charisme, le leadership…

2. Les hommes cherchent du sexe et les femmes des relations sérieuses.

On pense souvent, à tort, que les hommes sont avant tout à la recherche d'aventures sexuelles, alors que les femmes sont exclusivement à la recherche d'une relation sérieuse, l'amour de leur vie, pour fonder une famille. Ces deux idées ne sont pourtant pas le reflet de la réalité.

Il existe beaucoup d'hommes qui souhaitent se mettre en couple et vivre des expériences constructives sur la durée. Et certains qui souhaitent plus que tout fonder une famille. Tout comme il existe des femmes qui souhaitent multiplier les expériences amoureuses. Certaines se complaisent dans le célibat et trouvent leur harmonie dans des histoires courtes. Cette image de la femme faite pour le couple est d'ailleurs à l'origine d'une grande pression que subissent les femmes dans notre société : celle de la fille facile. Dès lors qu'une femme a une vie sexuelle libérée, elle est considérée comme une traînée.

Que ce soit pour une femme ou pour un homme, il n'y a aucun mal à vivre des relations éphémères si les termes du contrat sont clairs dès le départ : relation de non-exclusivité, de non-fidélité ou, au contraire, relation fidèle et exclusive... Il n'existe pas de vérité absolue à ce sujet. C'est à vous à savoir et à communiquer ce que vous recherchez vraiment.

Aussi, au lieu de partir avec une idée préconçue, essayez de comprendre au cas par cas ce qu'une personne recherche chez l'autre. C'est l'une des meilleures façons de ne décevoir personne et de ne pas perdre de temps avec quelqu'un si vos attentes sont différentes.

3. Les séducteurs se servent des femmes et les jettent !

Il est fréquent de voir à la télévision, dans certains talk-shows, des émissions dont les problématiques sont très orientées lorsqu'elles traitent des relations hommes-femmes. Et bien souvent, les hommes, et plus spécialement les séducteurs, sont montrés comme des personnes irrespectueuses des femmes, qui cherchent à en abuser ou pour les sortir du droit chemin (comme s'il en existait un...).

Ce comportement n'est pas typiquement masculin, malheureusement. Les hommes manipulateurs existent... tout autant que les femmes manipulatrices. Ce n'est pas une question de sexe mais de valeurs et de comportements induits par une éducation, un passé et des expériences personnelles.

Mais surtout, ce qui est plus grave à mon sens, c'est de laisser croire que les hommes se servent des femmes, comme si la femme était un objet ou une personne idiote et incapable de comprendre ce qui lui arrive.

Les femmes ne sont ni des victimes, ni des objets. Elles sont tout à fait conscientes des choix qu'elles font dans leurs relations.

Les femmes ne sont pas des anges tout comme elles ne sont pas des démons. Il existe toujours des rapports de force dans une relation, parfois à l'avantage de l'homme et parfois non. Souvenez-vous-en : les femmes ne sont pas des victimes. À vous d'agir en adulte et d'attendre la même chose des femmes que vous rencontrez.

4. Les femmes n'aiment pas être abordées.

Ce cliché est largement répandu. On assimile l'approche dans la rue à celle du dragueur lourd qui poursuit les femmes en répétant de manière inlassable les mêmes répliques affligeantes. Dans la réalité, il en est autrement. Il est possible d'aborder une femme et de discuter avec elle plusieurs minutes, voire plusieurs heures, si vous êtes doué et que le courant passe. Une femme se sentira toujours flattée d'être bien abordée dans la rue, même si elle refuse poliment votre approche. Sauf cas exceptionnel, on sera toujours loin du cas où la femme approchée hurle à l'agression en vous donnant des coups de sac à main.

L'approche bien conduite est toujours agréablement vécue par une femme. Il suffit de se mettre à sa place : imaginez qu'une femme vous aborde avec classe et élégance, votre première réaction sera-t-elle de l'envoyer sur les roses ? Non, eh bien elle non plus. L'idée est évidemment de dépasser la flatterie pour construire un vrai rapport et faire une rencontre qui pourra déboucher sur une histoire.

Se dire que l'on peut approcher une femme dans la rue, prendre son numéro de téléphone, la revoir et débuter une histoire est l'idée la plus difficile à assimiler. Car bien souvent, on se dit qu'une rencontre amoureuse doit se faire via son travail ou son cercle social. Tout cela est bien trop morose et limité. Et qu'en est-il de la charmante femme que vous croisez de temps en temps dans votre quartier mais que vous n'osez pas aborder ? Êtes-vous donc condamné à dépendre des autres pour faire de belles rencontres ? D'ici quelque temps, je vous souhaite d'être capable d'approcher une femme qui vous plaît vraiment, dans une situation totalement nouvelle pour vous ; vous verrez, votre perception des relations sera totalement chamboulée, pour le meilleur…

5. Séduire, ça ne s'apprend pas.

Savoir séduire n'est pas inné. Certains hommes, pour différentes raisons, sont plus à l'aise que d'autres avec les femmes : cela peut venir de l'éducation, de l'expérience, des croyances... Mais vous savez déjà que vous pouvez apprendre à séduire, sinon, vous ne seriez pas en train de lire ce livre.

S'améliorer dans ce domaine demande une forte remise en question : malmener son ego, repenser ses croyances et admettre qu'on peut avoir tort. C'est pour cela qu'une grande majorité de personnes condamnera cette démarche. Vous vous en êtes peut-être déjà rendu compte : la séduction est un thème à risques, souvent sujet à moqueries ou incompréhensions diverses. Il est socialement plus admis de dire, en flattant sa fierté, que séduire ne s'apprend pas.

Séduire, c'est savoir se vendre, savoir communiquer. Tout comme il existe des formations pour apprendre à mieux s'exprimer ou à manager une équipe, il existe de multiples façons d'apprendre à séduire : la lecture, les vidéos, les séminaires audio, les ateliers de coaching ou tout simplement en essayant de séduire dans différentes situations. On peut d'ailleurs utiliser certaines méthodes de formations professionnelles à des fins personnelles. Il suffit d'avoir le courage de tester certains concepts, quitte à échouer parfois.

Par expérience, je peux affirmer qu'il est possible d'avoir des résultats dans ses objectifs en quelques jours. À condition d'oser pratiquer sans se juger constamment. Vous devez pratiquer en gardant un état d'esprit ouvert et positif. J'ai assisté à de véritables révélations pendant mes ateliers en immersion, où nous faisons du coaching intense pendant une semaine. Accompagnés et boostés tout au long de la semaine, certains se surpassent et réalisent des exploits qu'ils n'auraient jamais espérés dans le passé : aborder une femme dans la rue, boire un verre avec elle dans la foulée... J'ai vu et revu ce genre de situations lors de mes ateliers.

Vous avez fait le choix de vous intéresser au sujet de la séduction et c'est ce qui fait que vous êtes déjà au-dessus du lot. Par orgueil, peu d'hommes osent remettre en question leur potentiel de séduction. Pourtant, les résultats engendrés par ce questionnement seront bien plus intéressants que le fait de protéger son petit ego. Poursuivez cette lecture, veillez à bien appliquer nos conseils, et vous obtiendrez les résultats voulus.

Les 10 caractéristiques qui attirent les femmes

Une femme est aussi durement jugée sur son physique qu'un homme sur son statut social. À ce titre, pour prétendre aux femmes de vos rêves vous devez d'abord penser à devenir l'homme de vos rêves. Votre statut social est un élément primordial qui influera considérablement sur la valeur que les gens vous attribueront et, par conséquence, la valeur que vous aurez tendance à vous attribuer. Visez haut et travaillez dur pour devenir un homme de qualité. Vous plaire est la meilleure façon de plaire aux autres.

Il existe des caractéristiques fortes chez les hommes qui attirent les femmes. Elles sont profondément liées à leur rang et à leur rôle dans la société. Ces caractéristiques sont des qualités supérieures que peu d'hommes ont. Elles permettent à ceux qui répondent à ces standards de se démarquer très facilement des autres. Vous pouvez gagner en séduction si vous remplissez plusieurs de ces critères. De plus, ils peuvent avoir un impact considérable sur votre développement personnel. Fixez-vous l'objectif d'atteindre ces huit caractéristiques à long terme.

Le niveau de difficulté est décroissant : la caractéristique la plus difficile à atteindre étant ce que j'appelle « Créateur de sa réalité » et la plus aisée étant « Stylé ». Soyez honnête avec vous-même : si vous savez que vous ne répondez pas encore à certaines caractéristiques, travaillez-y pour les atteindre. Il est aussi possible que vous n'ayez aucune de ces caractéristiques. Dans ce cas, je vous encourage vivement à établir un système d'objectifs à part pour votre développement personnel, en plus des objectifs de séduction que vous vous êtes fixés au début de votre lecture.

Voici la liste des valeurs supérieures vers lesquelles vous devez tendre.

1. Créateur de sa réalité

Créer sa réalité, cela signifie mettre en place un mécanisme nouveau, dont vous êtes le maître, permettant de générer des biens (profits, temps, possessions, relations…) de manière constante et de fédérer autour de ce nouveau modèle. Pour cela, il vous faut mettre en place un système qui permette d'assurer votre survie (en termes de besoins primaires), votre évolution (en termes d'aspirations diverses) et votre indépendance (libre de faire et de défaire sans que le pouvoir d'autrui vous limite). Un homme qui a su créer et vivre de sa propre réalité emporte les autres dans son monde. C'est un homme qui a créé un modèle différent des autres et qui sait vivre grâce à ce dernier. Il respecte ses valeurs et le code de conduite qu'il a instauré. Il est celui qui redéfinit les règles et qui détermine les tendances. Sa volonté de créer quelque chose de différent inspire ceux qui l'observent et il est considéré comme ayant une vision supérieure aux autres. Il ne répond à aucun modèle déterminé et peut être considéré comme l'exception qui confirme toutes les règles. Il est différent mais rassurant, il est créatif sans être bizarre et il est l'initiateur d'un mouvement. C'est un homme qui est à l'écoute mais difficilement influençable. Il a une vision à la fois pragmatique et novatrice.

Comment l'atteindre :

Créer sa réalité est l'étape ultime du développement personnel. Il existe peu d'hommes qui ont les qualités requises pour atteindre ce stade. L'homme qui crée sa réalité est un homme qui crée de nouvelles règles du jeu. C'est aussi quelqu'un qui est capable d'aspirer les autres dans ce nouveau modèle et qui inspire ceux qui le regardent de l'extérieur. Pour autant ce n'est pas une mission impossible. Il vous faudra des bases solides et l'envie de fédérer du monde autour d'une idée forte. Cette caractéristique est intimement liée à l'entreprenariat dans le sens ou c'est une définition parfaite de la création de réalité. Mark Zuckerberg le créateur de Facebook et Hugh Hefner le créateur de Playboy sont deux exemples parfaits de créateurs de réalité. Pour vous en convaincre je vous invite à lire leur biographie.

2. Charismatique

Le charisme est un ensemble d'éléments de la personnalité et de l'attitude d'un homme qui lui confère une aura particulière. Cette aura le rend par essence séduisant auprès des femmes mais aussi des hommes. Elle lui insuffle une autorité naturelle. Le charisme peut être présent naturellement ou le fruit d'un long travail et de l'expérience d'un individu. Le charisme est un équilibre entre l'inné et l'acquis. Sans entretien par le travail sur soi et le développement personnel, le charisme peut s'estomper. Ce serait un mensonge de vous dire que tout le monde peut être charismatique. Il y a une différence fondamentale entre vouloir être et se donner les moyens pour être. Beaucoup d'hommes s'arrêtent à mi-chemin quand ils s'aperçoivent du travail important et constant que cela demande. Il faut également « avoir les épaules » pour cette caractéristique qui ne correspond pas à tout le monde. Le charisme se développe aussi par une forte activité sociale : comprendre les autres, aimer le rapport et cerner rapidement les relations de pouvoir entre chacun. Un homme charismatique est par définition un homme socialement très intelligent. Vous pouvez mettre en pratique quelques traits de caractère charismatiques en mettant en avant les traits les plus forts de votre personnalité.

Comment l'atteindre :

Contrairement à ce que l'on pense généralement, le charisme n'a pas forcément une dimension innée. En effet, il est tout à fait possible de travailler son charisme tout comme il est faisable d'améliorer sa capacité au leadership. Plus vous développerez les différentes caractéristiques que nous sommes en train de voir et plus vous vous approcherez du charisme. Il faut savoir également qu'il n'existe pas une seule et unique façon d'être charismatique. Ainsi l'artiste peut avoir une aura charismatique tout à fait différente de l'homme d'affaires à succès. Pour en savoir plus sur le charisme je vous encourage à lire des livres disponibles sur le sujet (la plupart sont en anglais). Les films ainsi que les séries peuvent aussi être de bonnes sources d'inspiration, je pense notamment au personnage de Don Draper dans *Madmen* qui est plutôt équilibré : il a ses forces, ses faiblesses, son passé, ses doutes... Mais ne cherchez pas à vous rapprocher de certains personnages comme Tyler Durden dans le film *Fight Club* qui est à mon sens tout sauf une référence applicable dans la vie de tous les jours.

3. Leader

Le leader est historiquement reconnu comme étant l'homme le plus important et le plus influent de son groupe. Cette qualité est aussi liée au charisme. Le leader est un homme capable de fédérer autour de lui et de diriger aussi bien les hommes que les femmes. Le leader est un homme écouté car il sait prendre les bonnes décisions pour son groupe. C'est un homme qui prévoit et connaît les besoins et envies de chacun. Il est aussi un être respecté car il prouve, par sa position, son autorité et sa capacité à mener son groupe. Quand un groupe se crée il y a naturellement un leader qui s'impose pour donner les directives. Il ne faut pas confondre l'autorité avec le leadership. Certains hommes autoritaires ne sont pas forcément des leaders. Le leader doit avoir une forte capacité d'écoute et une empathie qui le rend appréciable, voire désirable. Il doit savoir régler des conflits au sein du groupe et sa priorité est le bien-être de ce dernier. L'homme qui obtient le statut de leader est aussi souvent confronté aux jalousies et doit être prêt à agir pour montrer que sa légitimité est basée sur le bien-être de sa communauté et non pas sur son envie de pouvoir. Il ne peut en aucun cas y avoir plusieurs leaders au sein d'un groupe et la sélection se fait toujours naturellement par le groupe. Pour qu'elle soit légitime, la place du leader est attribuée et validée par la majorité du groupe. Un leader doit être un homme plein d'énergie et prêt à rebondir dans n'importe quelle circonstance. En cas de crise, les membres du groupe s'en remettront toujours à leur leader et il devra être prêt à prendre les bonnes décisions pour assurer son statut.

Comment l'atteindre :

Améliorer son leadership est possible et demande une vraie constance. Vous devez vous affirmer le plus possible lorsqu'une situation se présente. Lorsqu'une personne tente de tester votre capacité au leadership vous devez attraper cette perche tendue et prouver votre compétence. Si vous avez des difficultés à vous imposer et à diriger un groupe je vous encourage à suivre des formations professionnelles spécialisées dans le domaine, il en existe une multitude. Même si vous ne retenez que 20 % des informations, ces dernières vous seront toujours utiles sur le terrain. De plus si vous êtes salarié, profitez du Droit individuel à la formation pour en suivre une. En France, Ludovic Vignaud coach spécialisé en charisme et leadership, est un des seuls experts à proposer son enseignement dans le domaine des relations et des dynamiques sociales. Vous trouverez des informations sur la formation sur le site de Lifestyle Conseil.

4. Présélectionné

Un homme que de nombreuses femmes désirent quoi qu'il fasse se place automatiquement au-dessus des autres d'un point de vue social et sexuel. C'est un message à ses concurrents et cibles potentielles que les femmes aiment véritablement être en sa compagnie. C'est un homme différent, qui apporte quelque chose de rare aux femmes. Il est automatiquement sélectionné comme étant un amant potentiel juste par sa présence et par le fait que les femmes le valident constamment. Il est considéré par nature comme étant socialement haut de gamme. Un homme présélectionné est donc un homme qui est souvent en compagnie de femmes lorsqu'il s'adonne à des activités. Que ce soit pour aller au restaurant, dans un club ou une soirée, il est accompagné d'au moins une femme qui le désire. Il n'est pas le meilleur ami des femmes, il en est le meilleur amant. Par cette attitude, il évite de nombreux tests que les femmes mettent en place pour faire le tri parmi leurs prétendants. D'où le terme « Présélectionné ».

Comment l'atteindre :

Atteindre la présélection en matière de séduction vous demandera un travail important. En effet vous allez devoir rencontrer beaucoup de personnes différentes et beaucoup de femmes. Ensuite vous allez devoir intérioriser le fait que vous plaisez aux autres et que vous apportez plus de valeur que la plupart des gens car vous êtes quelqu'un de positif qui aime donner aux autres. De ce fait les gens (et donc les femmes) apprécieront votre compagnie. Vous devez créer l'automatisme suivant : lorsque vous sortez, faites le toujours avec au moins une femme. Ce n'est pas négociable. Vous devez avoir des amies femmes que vous appréciez et qui vous donneront de la valeur auprès des autres (femmes y compris évidemment). Pour vous entraîner à rendre ce style de vie naturel je vous propose comme exercice d'organiser une soirée ou vous inviterez au moins une trentaine de personnes dans un lieu (pour fêter un anniversaire par exemple). En tant que maître de soirée vous devrez apprendre à présenter les gens entre eux, à apporter de l'énergie aux autres et à prendre le temps de parler à chacun des invités. Vous travaillerez de cette manière votre potentiel de présélection.

5. Protecteur

Un homme protecteur est un homme qui prend soin de ses êtres chers : amours, amis et famille. C'est une caractéristique qui est intimement liée à celle de leader. L'homme protecteur est animé par l'empathie : il estime profondément les autres et sait les reconnaître à leur juste valeur. C'est un homme qui est prêt à défendre sa tribu lorsqu'elle est dans une situation de danger.

Plus généralement, un protecteur est un homme qui évolue grâce au bien-être de ses proches. C'est une caractéristique qui se fait rare aujourd'hui, où tout le monde est en compétition avec tout le monde. Mettre en valeur les autres en leur absence ou les aider face à une situation délicate vous mettra tout de suite au-dessus du lot. Cela communique à une femme que vous serez capable de la protéger et d'aider les siens en cas de coup dur. Elle vous accordera alors une grande confiance et se sentira en sécurité avec vous. N'oubliez pas que la dimension de sécurité est prégnante au sein d'un couple : une femme ne s'engagera jamais totalement dans une relation si elle sent que les fondations sont fragiles et que l'homme n'assurera pas toujours son rôle de protecteur.

Comment l'atteindre :

Vous pouvez améliorer cette caractéristique dans deux dimensions. La première consiste à protéger vos êtres chers en toute situation (agression, déprime, maladie…). En ce sens la pratique d'un sport de combat peut vous permettre d'affronter les pires situations et ainsi vous apaiser dans la vie de tous les jours en vous sentant « prêt ». Évidemment il s'agit de l'impact positif sur le mental qui est important ici. La violence est à proscrire de votre attitude et doit uniquement intervenir en cas de situation d'agression et de survie.

La seconde dimension consiste à vous investir dans des associations ou à des activités bénévoles. En effet c'est une attitude très protectrice de donner et de vous investir pour les autres. Encore plus lorsqu'il s'agit de personnes que vous ne connaissez pas forcément. C'est l'aspect le plus noble que vous pourrez atteindre.

6. Émotionnel

Un homme aussi viril et charismatique soit-il doit pouvoir exprimer ses émotions et être capable d'accueillir celles d'autrui. C'est un élément-clé de la communication avec les autres. Un homme qui exprime très peu d'émotions est considéré comme étrange et peu attirant. Le fait d'exprimer ses émotions ne signifie pas pleurer ou hurler pour un rien, mais simplement dire ou communiquer avec maturité ce que l'on ressent. Il faut trouver un point d'équilibre entre le cliché de l'homme qui tente de contrôler ses émotions en toute situation et celui qui est constamment en représentation et ne vit que par l'exagération de son ressenti. C'est indispensable pour envisager un rapport avec une femme. Il faut être capable de comprendre ses émotions pour pouvoir créer une véritable connexion avec elle. Un homme émotionnel est aussi un homme qui comprend les autres sans forcément leur parler. Il sait discerner une contradiction entre le discours d'une personne et son véritable état émotionnel. C'est donc un homme qui sait parler aux autres avec sincérité.

Comment l'atteindre :

Être émotionnel est une attitude qui vous demandera d'être vrai et authentique. Il ne s'agit pas ici de quelques exercices à faire qui vous permettront de ressentir les choses. Vous devez avant tout comprendre l'état d'esprit qui consiste à aimer les autres, à s'intéresser à eux et à les comprendre. L'empathie est en ce sens l'élément fondamental pour emprunter la bonne route. Dans les prochains jours allez vers ceux qui vont moins bien que d'habitude et apprenez à les écouter sans les juger. L'introspection, la psychanalyse ou l'hypnose peuvent aussi être des expériences positives pour vous rapprochez de vos émotions. Vous apprendrez sur vous-même et sur votre capacité à aider les autres. Être émotionnel, c'est avant tout être profondément humain.

7. Indépendant

Le caractère de l'indépendance est la traduction de la maturité. Un homme indépendant est un homme qui ne doit rien à personne et qui définit son propre style de vie. Il ne dépend pas du bon vouloir d'autrui et peut décider du jour au lendemain de revoir la manière dont fonctionne sa vie. C'est aussi vrai dans ses relations avec les autres. Si un ami le trahit il pourra s'en séparer sans préavis sans que cela lui soit dommageable dans sa vie de tous les jours. Un homme indépendant est un homme qui peut partir si on lui manque de respect. Ainsi, il saura mettre fin à une relation avec une femme s'il voit clairement qu'elle ne tient plus qu'à un fil et n'apporte plus rien aux deux protagonistes. C'est un homme qui sait faire la différence entre son ressenti et la réalité d'une situation. Un homme indépendant est un homme qui a une vision claire des choses et qui sait faire des choix difficiles d'une façon assurée. Cependant, ne confondons pas homme indépendant et homme solitaire. L'indépendant est un homme à forte valeur et stabilité morales, qui aime être en société. Il a des amis et des relations avec les femmes. Un solitaire est, par définition, seul. Il n'apprécie pas d'être en société et a même peur des autres. Le caractère d'indépendance est une valeur en baisse dans une société où les hommes comptent trop sur les autres pour évoluer. Les hommes à la volonté ferme qui assurent leur propre style de vie sont donc des hommes plus attirants que la moyenne.

Comment l'atteindre :

La meilleure manière d'obtenir son indépendance est de pouvoir subvenir à ses besoins financiers et à ses aspirations grâce à sa propre situation. C'est la première étape pour ne pas être dépendant des autres. Vous devez donc devenir l'homme indépendant qui réussit sa vie et que vous rêvez d'être. Par la suite, vous devez être capable d'augmenter votre indépendance en vivant des expériences nouvelles et personnelles. Vous pouvez par exemple envisager de partir seul au bout du monde. En ce qui concerne l'indépendance dans le domaine des relations, elle consiste à ne pas se reposer sur quelqu'un pour atteindre le bonheur ou la réussite. Cela veut dire que vous devez être capable d'aimer les autres sans pour autant vous oublier en eux, ou ne pas être anéanti suite à une rupture amoureuse.

8. Éloquent

L'éloquence est une qualité de plus en plus rare chez les hommes. Pourtant, tout le monde doit prendre la parole, mais peu de personnes la prennent bien. Certains timides ne parviennent pas à se faire comprendre (problème d'élocution, bafouillement...). D'autres ont beau avoir des idées brillantes, ils ne parviennent pas à mettre les formes pour défendre leurs arguments. L'éloquence est une caractéristique forte qui permet de captiver les foules. Elle joue donc un rôle important dans les dynamiques sociales. Un homme éloquent est également un homme qui inspire confiance car il sait s'adresser aux autres et répondre à leurs attentes. C'est également quelqu'un qui sait imposer ses idées tout en obtenant l'approbation générale de ses auditeurs. L'homme éloquent comprend les autres, il comprend leurs attentes, leurs sentiments et leurs envies. De ce fait l'homme éloquent est un homme qui par nature obtient plus de crédit de la part des autres alors que cela ne repose pas sur la qualité intrinsèque de ses idées ou de ses propositions. Je vous encourage à améliorer votre éloquence de façon positive et constructive.

Comment l'atteindre :

Apprendre à captiver les foules demande beaucoup de pratique. En effet, même les personnes les plus charismatiques sont des personnes qui s'entraînent régulièrement à l'oral pour maintenir un bon niveau. Par exemple les présentations que donne Steve Jobs chaque année pour dévoiler les nouveaux produits Apple sont répétées et façonnées au millimètre près. L'impression de naturel et de fluidité est dû à une grosse quantité de travail derrière. Pour améliorer votre éloquence, il existe une multitude de possibilités : vous pouvez vous inscrire à un cours de théâtre et d'improvisation. Si vous habitez à Paris je vous conseille vivement d'assister à la conférence « Berryer » qui a lieu au palais de justice de Paris (île de la Cité). Cela vous permettra de voir et d'écouter des avocats d'une grande qualité rhétorique. Il existe également des clubs de prise de parole appelés « Toastmasters » ou encore « Pro Action café » qui vous permettront de travailler en compagnie de personnes de tous les niveaux et de profils différents.

9. Physique

Un homme physique est un homme que l'on voit. Il sait occuper l'espace par sa présence et par son langage corporel. C'est un homme qui sait s'entretenir sans tomber dans l'exagération : il est en bonne forme physique, il a une bonne hygiène de vie et un style personnel. Un homme physique est de préférence grand, même si ce n'est pas déterminant. Il est suffisamment musclé pour faire ressortir son côté viril sans pour autant être prêt à faire une compétition de bodybuilding. Cet ensemble de points crée l'image de l'homme fort et protecteur. Une femme veut se sentir en sécurité en compagnie d'un homme. Elle ne peut pas être tout à fait à l'aise avec un homme qui renvoie une image de faiblesse. Un homme qui communiquera une présence physique forte aura plus de chances de séduire qu'un autre. Un homme physique est donc un homme vu comme rassurant, fort, prêt à défendre ou à attaquer. Il ne s'agit pas d'entrer dans une bataille de testostérone mais plutôt de répondre à des codes créés par des réflexes sociaux conditionnés : homme grand et fort = homme protecteur = homme séduisant. Cela renvoie aussi à l'image du père, qui peut être un élément rassurant pour certaines femmes. En plus de fortement retentir sur votre capacité de séduction, c'est aussi un axe de développement personnel très intéressant. Un homme peu entretenu est un homme qui, au final, accorde peu d'intérêt à sa personne. L'intellect et le physique doivent être entretenus à la même mesure.

Comment l'atteindre :

Pour améliorer votre physique vous devez améliorer deux points-clés dans votre vie : votre alimentation et votre activité physique. Ces points sont complémentaires et indispensables à une bonne hygiène de vie. Il est impossible d'avoir un physique sain si vous bafouez cette règle. Si vous ne souhaitez pas être spécialement musclé vous pouvez vous entretenir en pratiquant des sports collectifs ou en faisant du fitness. Si vous souhaitez vous bâtir un physique musclé, il sera préférable de passer par l'étape musculation.

10. Stylé

Le style est un élément fondamental dans la personnalité d'un homme. Pour le bâtir, il faut apprendre à se connaître et à s'ouvrir à différentes dimensions artistiques. Un homme qui a un bon look est un homme qui se différenciera plus facilement des autres. Il ne s'agit pas pour autant de s'habiller en fonction de cela. Le style est avant tout une démarche qui demande de la réflexion et de la pratique, tout comme en séduction. Travailler son look, c'est à la fois une démarche personnelle (il permet de travailler son goût, sa confiance en soi, sa culture de la mode et de l'art…) et une démarche relationnelle (il augmente l'attirance, il permet de se différencier, il permet d'être reconnu rapidement, de créer une signature…). Le rôle social de l'habillement est également très fort. Ainsi on a tendance à accorder de l'importance à une personne bien habillée alors que ce n'est pas forcément justifié. Et a contrario on a tendance à dévaluer une personne mal habillée même si cette dernière démontre d'excellentes qualités et une personnalité forte. Faire l'erreur de ne pas travailler son look c'est s'imposer plus d'efforts lors des premiers contacts avec l'entourage. S'intéresser à son look, c'est prendre soin de soi-même et apporter de l'importance à l'image que l'on souhaite véhiculer. C'est donc une preuve de respect envers soi-même et envers les autres. Cette caractéristique est une des plus faciles à atteindre, car elle permet d'obtenir des résultats visuels qui vous stimuleront dans vos progrès.

Comment l'atteindre :

Le look comme la séduction se travaille avec de la pratique. Ainsi je vous conseille d'entrer dans des boutiques de mode et d'essayer les vêtements qui vous plaisent pour comprendre comment fonctionnent les matières, les coupes, les couleurs... En complément vous devez consulter différents supports concernant le style qu'il s'agisse de magazines, de blogs, de photos. Enfin je vous conseille la lecture de l'*E-book Look*, écrit par l'équipe de Lifestyle Conseil et que vous pourrez télécharger sur le site.

Si après la lecture de ces « 10 caractéristiques qui attirent les femmes » vous prenez conscience qu'il vous reste beaucoup de chemin à parcourir, je vous encourage à commencer votre travail progressivement. La caractéristique 10, « Stylé », peut être atteinte rapidement et se quantifier visuellement. Votre allure changera au rythme de vos efforts, vous aurez ainsi une véritable visibilité sur votre progression. En atteignant ce premier palier, vous serez alors plus apte à franchir les suivants. Sachez que ces caractéristiques sont pour la plupart interdépendantes. Ainsi, plus vous validerez des paliers et plus vous serez efficace pour atteindre les prochains. Ne perdez jamais la foi pendant votre travail, c'est avec de la constance que vous réussirez dans votre développement personnel. Vous devez toujours avoir un objectif quantifiable et atteignable en tête et ce système de paliers vous permettra d'y arriver de manière réaliste.

Séduire ou être séduisant ?

Avant d'entrer dans le vif du sujet, posez-vous ces quelques questions à propos de la séduction : que souhaitez-vous obtenir en vous y intéressant ? Devenir un grand séducteur ? Avoir enfin votre revanche face aux femmes en devenant un homme irrésistible ? Ou souhaitez-vous tout simplement développer des caractéristiques attirantes qui feront de vous un homme naturellement séduisant ?

La réponse la plus saine est la dernière. En effet, le but de ce livre n'est pas de vous transformer en séducteur. Cela ne ferait que restreindre vos objectifs de vie au fait de séduire le plus possible. Pas très enrichissant n'est-ce pas ? Dans ce livre, nous irons à contre-courant des idées et concepts véhiculés habituellement sur cette thématique. Devenir un séducteur n'est pas un objectif très intéressant : vous ne vivriez plus que pour obtenir l'appréciation des autres.

Le but de la méthode que je vous propose ici est de vous aider à développer un état d'esprit qui vous rendra séduisant. Il existe une nuance fondamentale entre un séducteur et un homme séduisant.

Le séducteur est un homme qui vit et agit en pensant séduction. Le séducteur vit souvent mal ses tentatives qui finissent en échecs. Il peut parfois en arriver à des situations ridicules tant le fait d'être reconnu comme un séducteur est essentiel pour lui. Il est prisonnier du regard des autres, ce qui l'empêche d'agir naturellement avec autrui. Tout est calculé en fonction de la réaction des gens qui l'entourent. Il est dans une quête insatiable, cherchant inlassablement à plaire pour se rassurer sur son potentiel de séduction.

Un homme séduisant est un homme qui, en plus de ses multiples caractéristiques intéressantes, est perçu comme attirant sans qu'il ait besoin de faire quoi que ce soit. Cela peut être le fruit d'une personnalité forte, d'un style particulier, d'un physique entretenu, d'un comportement qui n'attend pas l'approbation des autres… L'homme séduisant est un homme qui séduit par nature et qui ne vit pas à travers les autres. En somme, c'est un homme accompli, qui vit une vie riche et trouve son bonheur par ses passions.

Les femmes sont très sensibles à cette différence. Elles détectent très rapidement un homme qui vit pour la séduction et le regard des autres. Bien que cela puisse être attirant sur le court terme – dans le cadre de relations sans lendemain –, cela vous disqualifiera d'emblée pour une potentielle relation.

La bonne nouvelle c'est que le fait de développer des caractéristiques séduisantes va vous amener à découvrir de nouvelles sphères dans votre développement personnel. En découvrant une nouvelle façon de vous améliorer vous développerez de nouvelles passions et enrichirez votre vie. L'autre avantage de cette méthode est que vous pourrez transposer votre apprentissage de la séduction dans tous les domaines de votre vie : relations amicales, professionnelles et familiales.

Pourquoi il ne suffit pas d'être gentil pour séduire ?

Pourquoi la plupart des hommes ne concluent-ils pas alors qu'ils ont suivi le parfait guide du gentleman ? Pourquoi lui écrire une lettre pleine de tendresse, lui offrir des fleurs, l'inviter dans des restaurants hors de prix... pour obtenir son attention ne vous mènera à rien ?

Tout simplement parce que ce n'est pas attirant.

Tous ces comportements que nous ont inculqués le cinéma, la télévision, la littérature... ont engendré le syndrome du gentil garçon. Et, en réalité, cet homme n'arrive à rien avec les femmes.

Le comportement du gentil, peu entreprenant et peu affirmé, ne fera jamais chavirer les cœurs. Il faut parfois savoir agir de manière contre-intuitive pour arriver à vos fins en matière de séduction : ne soyez pas toujours d'accord avec ce qu'elle dit, vous gagnerez plus de points en la contredisant de temps à autre qu'en la suivant toujours quoi qu'il arrive. Vous n'êtes pas son meilleur ami, mais un amant potentiel.

Il ne s'agit pas d'être borné et de lui dire non à tout par pur esprit de contradiction. Rares sont les femmes qui se sentent attirées par ce genre d'homme. Avec ce genre d'attitude, la plupart des femmes souhaiteront seulement être amies avec vous (cela vous rappelle quelque chose ?).

Quand nous parlons de séduction à nos amies, elles peuvent montrer beaucoup d'honnêteté à ce sujet. Plusieurs femmes m'ont d'ailleurs avoué avoir quitté un homme parce qu'il était « trop parfait » ou « trop gentil » et que cela devenait ennuyeux.

Vous pensez que les femmes ne savent pas ce qu'elles veulent ? Pas tout à fait ! En fait, les hommes qui ont du succès avec les femmes comprennent leur nature et jouent avec, là où les frustrés leur reprochent de ne pas être ce qu'ils voudraient qu'elles soient.

Néanmoins, certaines femmes vous diront qu'elles recherchent la gentillesse chez un homme, la galanterie aussi. Effectivement, les femmes ne sont pas de vilains démons cherchant à démasculiniser l'homme et à prendre le pouvoir, pas plus qu'elles ne sont des anges. Seulement, les hommes ont tendance à confondre gentillesse et servitude, le tout saupoudré d'un romantisme ennuyeux pour se convaincre que, dans le fond, être son serviteur, ce n'est pas si mal. Bien sûr ! Mais séduire les femmes, c'est mieux, non ? Et c'est encore mieux d'avoir une relation épanouie avec une femme, vous ne trouvez pas ? Le tout est de savoir ce que vous voulez, et de suivre le chemin que vous vous êtes fixé en respectant les règles du jeu.

Soit dit en passant, on ne peut être vraiment « gentil » que quand on a le choix d'être méchant. Être gentil par défaut d'autres solutions, c'est faire preuve de faiblesse. Au côté d'un homme, une femme veut se sentir femme, féminine. Pour cela, elle a besoin d'un homme qui se comporte comme un homme, et non comme son esclave. Des laquais, pour peu qu'elle soit jolie, elle en a connu de nombreux dans sa vie : et ce n'est pas eux qui parviennent à la séduire.

Vous trouvez cela choquant ? Rien ne vous oblige à changer : vous pouvez commander un bouquet de fleurs et le faire livrer à cette si jolie fille qui ne sait même pas que vous existez ; mais sachez que vous y perdrez beaucoup plus que l'énergie dépensée pour apprendre à séduire.

Afin de clore ce sujet, vous devez retenir trois points-clés concernant l'état d'esprit en séduction.

1. Ne soyez pas gentil à défaut d'autre chose

La gentillesse ne fait pas partie du registre de la séduction à proprement parler. Il n'est pas question d'agir comme le dernier des crétins, mais de prendre conscience que la séduction exige une forme de tension qui s'effondre en présence d'une gentillesse exacerbée. La gentillesse est intéressante quand elle est sincère. Mais ne soyez pas gentil dans le seul but d'attendre quelque chose en retour.

2. N'accordez pas trop de poids au jugement des autres

Le fait d'accorder peu d'importance aux jugements d'autrui est une caractéristique d'indépendance qui démontre un caractère fort de leader. C'est une façon de montrer que vous avez une personnalité suffisamment intéressante pour ne pas vous soucier de ce que pense votre entourage. C'est en ce sens une attitude plus séduisante que le comportement d'un homme qui adaptera continuellement sa conduite en fonction de ce que pensent les autres.

3. N'hésitez pas à parler sincèrement

Exprimez ce que vous ressentez sans tomber dans la niaiserie ou dans la complainte perpétuelle. Les hommes capables d'exprimer leur ressenti de manière naturelle et sans exagération sont souvent considérés comme empathique, ce qui est une valeur reconnue comme séduisante. Par ce comportement, vous montrez une capacité à accueillir les sentiments des autres et à exprimer les vôtres. Parler avec sincérité, c'est aussi être capable de dire ce que vous pensez réellement, quitte à aller à l'encontre de certaines opinions. Si vos propos sont intéressants, les autres apprécieront votre présence, que ce soit dans votre cercle professionnel ou personnel. Mais ne tombez pas dans un esprit de contradiction par pure provocation.

Comment développer un état d'esprit joueur ?

On a tendance à oublier que la séduction est avant tout un jeu. Un jeu qui répond à un code et à des règles, et maintient toujours un même fond et surtout une même forme : le plaisir de l'amusement, le désir de victoire, l'envie de conquête. La séduction se doit d'être une activité plaisante, la rendre trop sérieuse (et donc presque prétentieuse) en gâcherait considérablement la saveur, et accessoirement ternirait indéniablement les résultats du jeu.

« Celui qui se libère, loin d'être incapable de jouer le jeu, le joue encore mieux car il voit la vie comme un jeu. » (Allan Watts)

Beaucoup d'hommes ont tendance à trop s'attacher à la technique pure, à la phrase « magique » qui fera mouche (et qui n'existe pas, en fait). Comme vous le savez déjà, il n'y a pas de formules magiques, mais il y a un état d'esprit : l'esprit joueur.

À votre avis, que veulent les femmes ? La réponse est simple : elles désirent s'amuser.

Les femmes ne sont pas tout le temps à la recherche d'un homme charmant, gentil et romantique. D'abord parce que c'est une activité épuisante, ensuite parce qu'elles préfèrent privilégier leur envie numéro un : s'amuser.

Mettez-vous à la place de Laura, une belle femme de 29 ans, célibataire. Elle travaille 50 heures par semaine dans une agence de communication. Lorsqu'elle sort enfin du travail le vendredi soir, elle fait comprendre à un de ses collègues que non, elle n'ira pas dîner avec lui parce qu'elle a déjà « un copain ». En fait, elle ne va pas non plus appeler sa mère pour se plaindre de sa charge de travail. À la place, elle appellera tout simplement deux ou trois amis pour leur proposer d'aller prendre un verre pour se changer les esprits.

Si vous la replongez dans l'ambiance du travail à coups de « et toi tu travailles où ? », vous risquez bien d'être à côté de la plaque.

Les femmes ne sortent pas pour rencontrer des hommes, ou en tout cas pas que pour ça, elles sortent pour s'amuser. Or la plupart des hommes ne sont pas joueurs, bien au contraire, quand ils essayent de séduire les femmes.

La séduction n'est pas une activité professionnelle…

Cessez d'être trop sérieux, calculateur, réfléchi : ce n'est pas attirant, et même vous passerez pour un homme bizarre. Les femmes n'aiment pas ça…

Une femme ne tient pas à retrouver à travers vous Jean-Paul, le responsable de la compta, qui la bassine chaque jour en lui racontant que la comptabilité est un métier formidable. Si, comme Jean-Paul, vous mettez autant d'émotions dans votre séduction que dans le fait de faire des photocopies, ne vous étonnez pas de ne pas avoir de résultats.

Il ne s'agit pas non plus de répéter inlassablement et sans émotions les mêmes phrases (volées par-ci par-là dans un guide de séduction) pour observer cent réactions différentes. La séduction est avant tout une dynamique authentique et un partage franc. Arrêtez de vouloir absolument utiliser telle ou telle technique parce que vous l'avez lue quelque part et qu'on vous a dit que ça marchait. Utilisez ce que VOUS avez envie d'utiliser, ce qui est en accord avec VOTRE personnalité et VOS envies, pas celles des autres.

Vous êtes le maître de votre vie et de vos relations ; personne d'autre ne doit avoir son mot à dire là-dessus : ni votre patron, ni vos amis et encore moins votre mère. Vous seul gérez et menez vos relations à bien, pas de hiérarchie, pas de délais à respecter, vous êtes le commandant de bord, alors agissez comme tel. Les femmes aimeront le commandant en vous, pas le moussaillon fébrile et hésitant.

… mais plutôt une partie de poker

Séduire c'est aller vers les autres, oser faire face, se confronter à soi-même, prendre le risque d'exposer ses forces et faiblesses.

Jouer en prenant le pari de gagner, tout en étant conscient de pouvoir perdre. La séduction (tout comme le poker) n'est pas le fruit du hasard, ni d'un plan parfaitement rodé qui vous fera gagner 100 % des mains.

La dynamique de la séduction est une dynamique du jeu : gérer les imprévus, avoir du self-control, s'adapter à la situation, bluffer, avoir du répondant, tenter des coups osés pour évincer ses adversaires sans oublier de les respecter, pour enfin accéder à la finalité de la partie. Si le joueur est suffisamment conscient de sa valeur pour ne pas se laisser déstabiliser à chaque finale qui se profile, il adoptera alors la bonne croyance qui fera de lui le gagnant.

L'esprit joueur c'est s'assumer pleinement et oser dans une interaction. Le simple fait d'oser quelque chose de drôle, provocant ou joueur, vous fera considérablement gagner des points. Celui qui joue c'est celui qui ose se mettre en danger, qui ose s'exposer. Il n'a pas peur de montrer une face très personnelle de lui, et c'est précisément ces moments d'ouvertures qui rendent une dynamique de séduction franche et intéressante (comprendre sexy pour une femme).

Vous y gagnerez des points, parce que vous ne ferez pas partie de ces hommes qui font la course vers la perfection et qui finissent inévitablement par devenir sans saveur.

Vous y gagnerez des points puisque vous ne serez pas dépendant du regard des autres et plus particulièrement des jolies filles qui sont rarement attirées par leurs groupies.

Et, enfin, vous y gagnerez aussi des points, puisque vous vous sentirez plus à l'aise avec les autres et avec vous-même : se trouver séduisant, c'est une base idéale pour apprendre à séduire.

Le mieux est l'ennemi du bien : n'en rajoutez pas trop, ne soyez pas ridicule, vous êtes joueur, pas comique.

Comment devenir joueur ?

Ne jamais trop se dévoiler. Laissez toujours planer le mystère sur vous ; c'est ennuyeux de tout savoir tout de suite. Le challenge, l'envie de découvrir et le fantasme sont de très bons ingrédients pour pimenter l'intérêt que vous suscitez auprès des femmes. Ne cédez également pas trop vite à leurs faveurs : la faim est la meilleure épice.

Sourire. Vous êtes tranquillement dans un groupe de personnes, et une jolie femme vous regarde. C'est le moment d'en profiter, souriez. Quoi de plus communicatif et agréable qu'une personne qui vous sourit ? Cela peut même être un « hameçon » pour voir si elle « mord » en vous souriant à son tour : si elle le fait, et que vous vous débrouillez bien par la suite, vous aurez de grandes chances de bien finir la journée.

Rire. À moins que vous ne soyez à des funérailles ou que cette fille soit une véritable plante verte, riez. Se prendre trop au sérieux serait la pire des choses.

Contredire. Il ne s'agit pas de la contredire systématiquement y compris sur les sujets dont vous partagez le point de vue. Cela se révélerait catastrophique, pour vous (absence de sens critique) comme pour elle (lourd irraisonné). Il s'agit plutôt de la provoquer un peu quand elle aborde un sujet que vous aimez sous un angle bien à elle. Attention, le but n'est pas de lui dire qu'elle a tort et que vous avez raison, mais de la provoquer de façon joueuse, avec le sourire, en sous-entendant « Je ne suis pas d'accord avec toi, argumente un peu tout ça… ». Osez lui dire non, les femmes aiment qu'on leur résiste.

Toucher. Le toucher est une étape absolument nécessaire dans une optique séductrice. La toucher est un acte primordial signifiant plusieurs choses. La première est que cela ajoute de la tension sexuelle : il est très agréable de toucher et de se faire toucher lors d'une conversation en tête à tête. La deuxième idée du toucher indique que vous êtes clairement dans un rapport assumé, elle me plaît, je lui plais : je la touche quand je lui parle. Enfin, la troisième idée qui se cache derrière le toucher est tout simplement le fait que vous êtes à l'aise avec vous et avec elle : je me sens bien, je prends les devants et j'ose. Si vous avez fait les choses correctement en amont, elle ne pourra qu'apprécier.

Il y a trois grands thèmes à bannir lorsque vous discutez avec la femme que vous voulez séduire : les ex, la religion et la politique. Évitez de lancer des polémiques en discutant sur ces thèmes, cela vous évitera de finir avec le cocktail de votre cible sur la tête.

- *Parler de son ex* lui rappellera des souvenirs forts en émotions : elle risque d'être nostalgique en repensant à celui qu'elle a tant aimé. Il faudra vous battre ou changer très vite de sujet pour refaire surface. Le second inconvénient de ce sujet est la rupture complète de la dynamique de séduction : ex = mélancolie = tristesse = je préfère rentrer chez moi et regarder une série en buvant mon chocolat chaud sous ma couette (et vous n'y serez bien évidemment pas convié).
- *Parler de religion* est extrêmement risqué dans la mesure où vous ne connaissez pas encore son degré d'implication dans le domaine. Cela reviendrait à faire un marathon sur un territoire miné : peu de chances d'en sortir entier.
- *Parler de politique* c'est un peu comme parler de religion à un degré moindre. Dites-vous bien que ces sujets sont statistiquement les plus efficaces pour vous mettre à dos la moitié de la population. Si vous tenez quand même à tenter l'exercice, sachez qu'à ce stade ce n'est plus être joueur mais plutôt kamikaze. À vous de voir.

Après les sujets à bannir lors d'une dynamique de séduction, voici quelques comportements à éviter le plus possible.

- *Ne pas la laisser parler.* Certains hommes, par peur de manquer de sujets de conversation et passer pour inintéressants ne cessent de parler, quitte à laisser peu la parole à la femme qu'ils ont en face d'eux. C'est une grosse erreur qui provoquera chez elle au mieux la frustration de ne pas pouvoir avoir une vraie conversation et au pire un dégoût, puisqu'elle vous trouvera trop égocentrique et peu intéressé par les autres. C'est un écueil pourtant simple à éviter : votre meilleur sujet de conversation, c'est justement la personne que vous avez en face de vous, alors n'hésitez pas à en apprendre plus sur elle.

- *Ne pas maintenir le regard.* Vous devez assumer votre envie de la séduire et donc la regarder dans les yeux. Beaucoup de tension passe par le regard et c'est souvent une manière très pratique de jauger le niveau d'intérêt de la femme que vous avez en face de vous. Si elle joue avec votre regard, si elle est gênée ou encore si elle se plonge dans vos yeux, ce sont autant d'indicateurs qui montrent que vous êtes sur le bon chemin. Il serait dommage de s'en priver, non ? De plus, le fait de détourner le regard montre clairement que vous n'êtes pas à l'aise dans cette situation. C'est pourtant ce qu'il faut montrer pour qu'elle soit elle-même à l'aise. C'est un passage obligé pour envisager d'aller plus loin dans le rapport.
- *Être trop pressant.* Vous avez envie d'elle depuis la première fois que vous l'avez vue ? Il va falloir prendre sur vous et ne pas être trop pressant, vous briseriez l'intensité du rapport en ne faisant ressortir que votre intérêt pour le sexe. Quand une femme est prête à passer à l'étape supérieure, elle vous le fera savoir par de nombreux indicateurs. Il faut bien évidemment provoquer cette situation, car elle ne se créera pas d'elle-même. Je vous conseille simplement de ne pas verbaliser le fait que vous rêvez de lui faire l'amour. Il y a une différence entre sexualiser la conversation et vouloir trop accélérer les choses.

N'oubliez jamais qu'une femme, par définition, sera bien plus douée qu'un homme dans le jeu de la séduction. Le fait même de vous épargner ces erreurs et de vous profiler dans cet esprit joueur vous empêchera très certainement de commettre de lourds et fatals écueils. Car, comme le disait Pierre de Brantôme : « Toute belle femme s'étant jamais une fois essayée au jeu de l'amour ne le désapprend jamais. »

Le cliché du player, *à éviter à tout prix pour séduire*

Définition : à l'origine, *Player* est le nom donné aux séducteurs et dragueurs aux États-Unis. Mais on l'utilise désormais en France également. Ce terme désigne plus particulièrement les hommes qui interprètent au premier degré les conseils proposés sur des sites de séduction ou certains livres. Petit à petit, une véritable mythologie de la communauté de séduction s'est créée. Sur certains blogs ou forums, il n'est pas rare de lire des questions absurdes traitées très sérieusement comme « Comment devenir un *pick up artist* (« artiste de la drague ») pour séduire 100 % des filles ? » ou « Vous pensez qu'un chapeau violet, c'est mieux qu'un chapeau rouge pour séduire ? ». Beaucoup sont à la recherche de la « formule miracle ».

Les derniers livres de Neil Strauss (comme *The Game*) n'arrangent pas l'affaire et laissent croire à l'existence du Saint-Graal. Mélangez le tout avec la génération Internet « On veut tout rapidement et gratuitement », ingrate à souhait, et vous obtiendrez le cliché du *player*.

Bien sûr, il existe des hommes sains et sympathiques mais c'est une espèce rare en ces lieux et ce n'est pas notre sujet.

Voici quelques caractéristiques du cliché du *player*. Si vous vous reconnaissez, il n'est jamais trop tard pour changer.

Il porte un chapeau, des chaussures pointues et beaucoup d'accessoires débiles. C'est l'uniforme du *player*. Tout est pensé pour créer une réaction de la part des femmes. S'habiller pour soi ? Il ne connaît pas.

Sa passion, c'est la séduction. Il y pense jour et nuit. Il enchaîne les lectures de récits et de méthodes de séduction, et s'entraîne avec des partenaires qu'il n'apprendra jamais à connaître vraiment. S'il s'initie à la PNL (Programmation neurolinguistique), à l'hypnose, au management, à la mode… ce n'est *que* pour la séduction. Les techniques de séduction, il adore. Il est d'ailleurs persuadé d'avoir un pouvoir mystique que les autres n'ont pas.

Il ne sera plus jamais gentil. Être gentil, on lui a maintes fois répété : ce n'est pas séduisant. Il s'applique donc à toujours manquer de respect aux femmes. Ainsi, en essayant d'être séduisant, il est devenu ingrat, il ne remercie personne et il est désagréable avec les femmes. Il a dû mal lire ceci : « Être gentil à défaut d'autre chose (sociable, ouvert, taquin...), n'est pas séduisant. »

Il ne sait pas se tenir en présence de femmes. Il pourrait même draguer votre sœur ou votre mère à un repas de famille pour tester de nouveaux scénarios ou nouvelles répliques. La formule magique, c'est au contraire de savoir qu'il n'y en a pas. Certains sites ou livres prodiguent des conseils pour tirer le meilleur de votre personnalité, pas pour construire votre personnalité avec le récit des autres.

Il applique les mêmes méthodes à toutes les femmes. Or, la « méthode » n'est pas toujours adaptée à une situation ou à une femme. Et il est également possible que la femme ne soit pas intéressée, tout simplement, et là, il n'y a pas de méthode qui puisse fonctionner.

Il est dans l'exagération. Il devient votre meilleur ami cinq minutes après votre rencontre dans un bar. Il bouge beaucoup car il a lu qu'agir de la sorte, c'est être sociable, plein d'énergie et donc séduisant. Pendant cette soirée il récitera quelques répliques apprises par cœur pour se faire apprécier des autres.

Son humeur est fonction du regard des autres. Un jour il sera plein d'énergie et ravi de faire des rencontres, le lendemain il sera vide et triste. Cela est dû à une trop forte dépendance au regard des autres et surtout aux résultats qu'il peut obtenir. Le fait de ne pas concrétiser est pour lui vécu comme un échec personnel. Il n'a pas encore saisi que l'importance se situe dans le fait de se développer en tant qu'homme et d'avoir des rapports vrais avec les autres. Il faut d'abord s'aimer soi-même avant d'aimer les autres.

Devenir un player *ou développer un style de vie ?*

Ici, nous prônons le développement personnel comme source d'amélioration de soi. Il est bien plus intéressant de développer la qualité de son style de vie en général pour influencer de manière tangible sa capacité de séduction. Si vous vous focalisez uniquement sur la séduction, vous renierez la partie immergée de l'iceberg : votre capacité à communiquer avec les autres, votre style, votre carrière, vos amis, votre santé, vos objectifs de vie et j'en passe. Tous ces facteurs peuvent considérablement booster votre pouvoir de séduction en plus d'ajouter un fort attrait à la qualité de votre vie en général. C'est la dimension qui est souvent occultée, à tort, quand on parle de séduction. Pourtant, le fait d'améliorer chacun des aspects de votre vie est bien plus gratifiant. Maintenant, vous n'avez plus d'excuse, vous savez pourquoi vous ne devez pas tomber dans cet écueil qui vous privera des meilleurs moments liés à l'apprentissage de la séduction et au dépassement de soi.

Comment combattre sa timidité ?

Pour beaucoup d'entre vous, la timidité est le premier handicap à votre apprentissage de la séduction. Peur de l'approche, peur du rejet ou tout simplement peur de ne pas savoir. Pourtant, la timidité n'est pas une fatalité. Tout le monde a la possibilité de dépasser sa timidité, mais cela demande du courage et de l'investissement. Si vous avez fait le choix de lire ce livre, c'est que vous êtes motivé. Bravo, vous avez fait la moitié du chemin. Maintenant, il va falloir un peu de courage, mais comme le disait si bien votre mère : « C'est pour ton bien. »

Qu'est ce que la timidité ?

La timidité est un sentiment d'insécurité ressenti par une personne lors d'un contexte social. Qu'il s'agisse de faire une rencontre ou de se connecter avec les gens lors d'un événement, le timide sera peu à l'aise et en retrait. Avec de la motivation et de la pratique, il est tout à fait possible de combattre ce ressenti pour le diminuer jusqu'à ce qu'il ne soit plus un frein dans votre vie.

Nous rencontrons tous des moments de stress, de trac ou d'anxiété dans certaines situations mais il ne s'agit pas pour autant de timidité. Lorsque, par exemple, vous devez prendre la parole en public, il est tout à fait normal d'avoir le trac, tout comme l'acteur qui monte sur scène. Vous pouvez aussi vous sentir intimidé par une personne charismatique, mais une fois passée la barrière de l'image et le premier rapport établi, ce sentiment disparaît peu à peu.

Mais si, pour vous, toute sortie et toute rencontre sont synonymes d'une grande angoisse, vous souffrez peut-être de phobie sociale. Vous devriez alors en parler à votre médecin pour qu'il vous oriente vers un spécialiste.

Timidité et séduction

Certains timides pourront exprimer des difficultés à des moments-clés de la séduction. Voici quelques bonnes pensées à prendre en considération pour avancer. N'oubliez pas que la meilleure façon de combattre votre timidité pour apprendre à séduire est la pratique constante.

Peur de l'approche. Bonne nouvelle, vous n'êtes pas le seul ! Ressentir de l'anxiété à l'approche est un comportement tout à fait humain. La décharge d'adrénaline engendrée par l'approche combinée à la peur de l'inconnu entraîne souvent ce sentiment de peur. C'est un sentiment qui en principe disparaît très rapidement après quelques mots échangés. Après quelques secondes, vous reprenez le dessus et vous êtes pris dans le rapport. Vous ne réfléchissez plus au fait d'avoir rencontré une inconnue. Apprenez à faire avec, jusqu'à y prendre du plaisir.

Peur du rejet. Lorsque vous essuyez un refus, dites-vous que ce n'est pas personnel. Une femme qui refuse votre approche ne vous rejette pas vous en tant que tel. Elle ne peut en effet pas connaître vos valeurs, ni votre personnalité, ni votre histoire en l'espace de quelques secondes. Elle rejette simplement votre façon de vous y prendre à un moment donné. Cette façon aurait peut-être pu fonctionner autrement ou dans d'autres circonstances. D'ailleurs, peut-être est-elle déjà en couple ou intéressée par son collègue de bureau. Apprenez à dissocier ce que vous communiquez et ce que vous êtes. Enfin, sachez que vous ne pouvez pas plaire à tout le monde, car plaire à tout le monde c'est au final plaire à n'importe qui.

Peur de ne pas savoir quoi dire. Cette peur indique souvent que vous n'avez pas cherché à comprendre comment se déroule une interaction. Ne pas savoir quoi dire, c'est ne pas comprendre que les principaux sujets de conversation sont les gens eux-mêmes. Vous n'avez jamais remarqué à quel point une personne apprécie que vous l'écoutiez vraiment ou que vous lui posiez des questions qui sortent de l'ordinaire ? Intéressez-vous aux autres et vous aurez des sujets de conversation infinis.

Les 5 règles d'or pour combattre sa timidité

1. Restez positif

Statistiquement, les personnes timides ont tendance à être défaitistes. Pourtant, rien n'est jamais figé et il est possible de tirer un enseignement qui vous sera favorable dans toute situation. Être positif, c'est le leitmotiv qui vous fera progresser dans votre combat contre la timidité et, par extension, dans votre capacité à séduire. Il n'y a en effet rien de plus repoussant et antiséduisant qu'une personne constamment dans la plainte et dans le négatif. Être entouré de personnes positives augmente votre tendance à l'être aussi. Ce sont des gens qui vous poussent à vous surpasser, à devenir meilleur et, donc, à flirter plus souvent avec le bonheur. Les gens négatifs vous sapent le moral, vous limitent dans vos actions, vous projettent leurs propres frustrations. En vous comportant de manière positive, vous allez automatiquement attirer les gens positifs et vous rentrerez dans un cercle vertueux qui vous aidera à mettre fin à votre timidité.

2. Soyez proactif

Pour combattre efficacement votre timidité vous devez prendre les devants. Vous ne devez plus vous complaire dans vos insécurités. Provoquez les situations qui vont vous permettre d'aller au-delà de votre timidité : multipliez les occasions de sorties, échangez vos coordonnées avec les personnes que vous rencontrez, prenez fréquemment des nouvelles des gens qui vous entourent... Une fois que vous aurez intégré cette façon d'être, vous pourrez passer au stade suivant : fédérer les gens autour de vous. En vous intéressant vraiment aux autres, vous apprendrez à vous faire apprécier et serez ainsi un élément social fédérateur. Vous pourrez alors organiser des sorties et des rencontres pour agrandir votre carnet de contacts.

3. Oubliez le regard des autres

L'une des certitudes du timide, c'est d'être constamment jugé. Il s'agit là non seulement d'une pensée égocentrique, mais surtout d'une croyance injustifiée qui paralyse le timide. Sachez tout d'abord que vous n'êtes pas le centre de l'attention. Et même, en tant que timide, vous l'êtes sûrement encore moins que la moyenne. Sachez ensuite que tout le monde porte un jugement sur tout le monde et qu'il est impossible de passer au travers, c'est un comportement naturel et humain. Vous ne pouvez pas plaire à tout le monde : vous plairez à certaines personnes sans faire d'effort et vous serez détesté par d'autres, aussi injustifié que cela puisse paraître. Le monde fonctionne ainsi et vous ne pourrez rien y faire. Pour vous améliorer et combattre votre timidité, vous devez passer outre le regard des autres. Écoutez les conseils et les remarques qui vous sont adressés, mais faites ce que bon vous semble. Vous seul savez qui vous êtes et où vous êtes capable d'aller, alors foncez et montrez aux autres que vous êtes sociable.

4. Ne vous prenez pas au sérieux

Ne pensez pas que vous jouez votre vie à chaque nouvelle rencontre. Ne pensez pas non plus que votre destin est scellé à la première mésaventure sociale que vous vivez. Les gens apprécient le contact léger et simple. Vous devez apporter quelque chose aux autres, vous n'êtes pas là pour leur soutirer de l'énergie ou de la bonne humeur avec votre attitude trop rigoureuse. Soyez léger, souriant, engageant... rebondissez de sujet en sujet, intéressez-vous aux autres et allez même jusqu'à les taquiner gentiment. En société, vous devez apprendre à agir au second degré et avec un peu d'autodérision. Comment voulez-vous vous faire apprécier des autres si vous ne leur apportez rien d'autre que votre morosité ?

5. Prenez conscience de vos forces

Nous avons tous de grandes forces et qualités. Si vous êtes incapable d'en dresser la liste, c'est que vous vous connaissez mal. Vous devez apprendre à être à votre écoute et à tirer profit de vos atouts. Prendre conscience de ses forces, c'est aussi apprendre sa propre valeur. C'est utile également pour savoir ce que vous pouvez apporter à un groupe : votre sens de l'organisation, votre capacité d'écoute, votre créativité... Apprenez à vous connaître et les autres voudront apprendre à vous connaître à leur tour.

Ne perdez jamais de vue que vous pouvez sans cesse vous améliorer et combattre votre timidité. Ne vous cachez pas derrière ce prétexte pour ne pas aller vers les autres, ce serait vous donner une excuse pour ne pas profiter pleinement de la vie. Et enfin, dans vos moments de doute, gardez une chose en tête : 100 % des gagnants ont tenté leur chance.

Développer son sens de la repartie en 3 étapes

De nombreux hommes se plaignent de ne pas savoir quoi dire ou quoi faire lorsqu'ils rencontrent une femme. Le sens de la repartie n'est pas quelque chose d'inné, il existe de nombreuses méthodes pour le développer. Dans ce livre, je vais vous donner la méthode que nous utilisons dans nos ateliers de coaching. Elle est basée sur trois étapes logiques :

- observer (l'environnement, les gens, les actions...) ;
- écouter (ce que l'on nous dit, ce que les gens se disent...) ;
- rebondir (sur un sujet, une personne, une action...).

Observer

La première étape consiste donc à travailler son sens de l'observation. En effet, ne pas regarder ce qui se passe autour de nous revient à mettre des œillères. Ce n'est pas un comportement très sociable. Vous devez éveiller votre curiosité et observer ce qui se passe autour de vous. Imaginez que vous êtes dans une soirée avec des amis. Repérez les gens qui se connaissent entre eux. Lorsque vous parlez à une personne vous devez aussi observer son style et son attitude pour en savoir plus sur elle. D'où vient-elle ? Est-elle intéressée par ce que vous dites ? Bien observer vous permettra d'aborder facilement des sujets en rapport avec le contexte, ce qui reste le moyen le plus efficace pour créer un rapport avec les autres.

Écouter

Les gens qui ne savent pas quoi dire n'écoutent pas les autres. Le but d'un rapport n'est pas de placer votre phrase magique qui fera de vous un tombeur. Le but, c'est d'écouter l'autre et de faire connaissance. Le sujet de conversation favori des gens, c'est eux. Apprenez à prendre le temps d'écouter les autres, cela vous permettra de mieux les comprendre et de les lancer sur des sujets qu'ils apprécieront. Par extension, ils vous apprécieront aussi car vous êtes capable de les amener sur un terrain qu'ils aiment. Écouter les autres, c'est aussi faire preuve d'une grande qualité : l'altruisme. Prenez le temps d'apprendre à connaître les autres et à les apprécier. Cette attitude vous permettra de vous différencier facilement et de vraiment apprécier vos rapports avec les autres.

Rebondir

Rebondir, c'est avoir la capacité d'entretenir une conversation fluide et naturelle. Vous avez observé l'environnement, vous avez écouté les gens, maintenant vous êtes capable de lier le tout et de créer une vraie dynamique sociale. Vous pouvez, par exemple, rebondir sur l'accent que peut avoir cette jolie femme pour savoir d'où elle vient et poser des questions sur son pays. Vous pouvez aussi présenter des groupes entre eux, c'est une manière très efficace pour démontrer votre aisance sociale. Chaque phrase que vous allez échanger avec une personne contient plusieurs sujets que vous pouvez développer. Il suffit de vous pencher sur le sujet qui vous intéresse le plus pour relancer la dynamique. Votre problème ne doit plus être de chercher quoi dire ni comment le faire, mais de choisir parmi toutes les possibilités d'interaction qui vous sont offertes.

Se structurer pour réussir et atteindre son objectif

Avant toute chose, vous devez établir un listing de vos objectifs ainsi que les moyens que vous comptez mettre en place pour les atteindre. C'est une condition nécessaire si vous souhaitez optimiser au mieux votre lecture et obtenir un changement significatif dans vos relations avec les femmes. Nous appelons ce procédé un « système d'objectifs ». Prenez une feuille et un stylo et établissez votre listing en lisant ce qui va suivre.

Qu'est-ce que je souhaite ?

Avant d'établir ce système d'objectifs vous devez savoir ce que vous souhaitez vraiment. Cherchez-vous une relation stable ? Voulez-vous devenir plus à l'aise avec les femmes et connaître plusieurs expériences ? Voulez-vous être capable d'entretenir une conversation avec une femme dans n'importe quelle situation ? Vous devez impérativement avoir une petite idée de ce que vous souhaitez vraiment. Il est impossible de mettre en place un plan pour progresser sans objectif concret. Ne soyez pas trop exigeant au départ pour éviter les déceptions. Vous devez instaurer des étapes intermédiaires, c'est ce que nous allons voir dans l'établissement du système d'objectifs.

Comment l'atteindre ?

Dans cette partie, vous devez définir le moment où votre objectif sera rempli. Si par exemple vous vous fixez comme objectif d'être capable d'aborder une inconnue dans la rue, d'obtenir son numéro de téléphone et de poursuivre sur une relation, alors le fait même d'y arriver sera l'expression de votre objectif atteint. Il est évident qu'il faudra établir un nouvel objectif pour sans cesse travailler sur votre développement personnel. L'objectif suivant pourrait être, par exemple, de savoir maintenir la relation à moyen ou long terme. Savoir où aller est aussi essentiel que d'établir un objectif concret, ce sont deux notions qui fonctionnent conjointement. Vous ne pouvez pas atteindre un objectif si vous n'avez pas une vision claire des étapes intermédiaires. Votre progression est un cheminement constant.

Le système d'objectifs

Afin que vous puissiez établir votre propre système d'objectifs, voici un exemple de fonctionnement. Vous devez continuer à inscrire sur votre feuille vos objectifs au fur et à mesure de votre lecture pour être sûr de ne rien oublier. Vous conserverez ensuite cette feuille pour vous y référer chaque jour. C'est une façon très efficace de rester motivé. Quand vous aurez atteint votre premier objectif vous ressentirez une grande satisfaction.

Objectif principal

Votre objectif principal, c'est ce que vous souhaitez atteindre de façon concrète. Vous avez conscience que cela va exiger du travail, mais vous savez que c'est parfaitement réalisable. Exemple : démarrer une relation stable avec une femme magnifique et intéressante.

Objectifs secondaires

Les objectifs secondaires sont ceux qui vont vous permettre d'atteindre votre objectif principal de manière structurée. Ce sont les grandes lignes de votre plan pour atteindre votre idéal.

Exemples :

- améliorer ma communication avec les autres ;
- améliorer ma confiance ;
- améliorer mon apparence.

Objectifs intermédiaires

Les objectifs intermédiaires sont ceux que vous allez mettre en place pour atteindre chaque objectif secondaire. C'est également une manière de fractionner votre travail. Les objectifs intermédiaires sont ceux que vous pouvez atteindre à court terme. Vous bénéficiez ainsi d'une bonne visibilité sur vos progrès et c'est parfait pour entretenir votre motivation.

Exemples :

- sortir et me faire de nouveaux amis ;
- approcher des femmes dans différentes situations ;
- vaincre ma timidité ;
- oser prendre des risques ;
- faire du théâtre ;

- vivre des expériences nouvelles ;
- améliorer mon style vestimentaire ;
- améliorer mon alimentation et perdre mes kilos en trop ;
- dégager du temps pour m'entretenir (faire du sport notamment).

Définissez vos objectifs (principal, secondaires et intermédiaires) avant de poursuivre la lecture de ce livre. Une fois que c'est fait, vous allez pouvoir découvrir des concepts qui vont multiplier vos chances de réussite. Ces concepts sont plus que des moyens pour réussir vos objectifs, ce sont des outils et des réflexions qui vous permettront de déboucher sur de nouvelles rencontres en vous empêchant de stagner.

Si vous bloquez quelque part, faites une pause et profitez de l'instant présent. Le système d'objectifs que vous mettez en place est la partie la moins glamour de cette méthode. Mais c'est un passage obligé pour organiser votre réussite. Votre système d'objectifs doit être suffisamment léger et rapide à installer pour que vous puissiez avant tout vous focaliser sur la pratique. Vous aurez ensuite le temps de savourer vos premiers succès tout en développant un état d'esprit positif.

Cercle vicieux et cercle vertueux

Vous devez maintenant savoir qu'il existe un moyen très pratique de rentrer dans une dynamique de succès dans vos rencontres et dans votre développement personnel. Le cercle vertueux part du principe que plus vous réussissez dans un domaine et plus vous êtes apte à réussir davantage. En effet, lorsqu'il nous arrive un événement positif, nous sommes dans un état d'esprit ouvert et tourné vers le succès. Il devient alors plus facile et naturel d'obtenir des retours positifs sur nos actions. A contrario, lorsque nous enchaînons des événements négatifs, nous avons tendance à perpétuer l'échec. Il existe pourtant une façon très simple d'éviter de stagner dans un cercle vicieux : passer à autre chose. Lorsque vous avez la sensation de ne pas réussir quelque chose, videz-vous la tête. Aller boire un verre avec vos amis, sortez et profitez de l'instant présent. Cela vous donnera l'énergie pour vous lancer dans un nouveau projet qui sera, cette fois-ci, positif. Vous réussirez là où vous aviez échoué auparavant grâce à l'expérience de votre échec et un état d'esprit positif.

Angoisse et adrénaline

La première raison qui empêche un homme d'aborder une inconnue est la peur d'être rejeté. Cette peur est souvent liée à une angoisse plus ou moins forte selon le manque de confiance en soi. Vous pouvez travailler votre résistance face à l'angoisse et diminuer cette dernière en abordant souvent. Vous allez ainsi vous habituer aux différentes situations que vous générerez. Votre angoisse diminuera de manière naturelle, ne subsistera plus que l'adrénaline. Cette adrénaline est tout à fait positive, elle vous rend vivant et vous stimule dans vos rapports avec les autres. Vous devez lâcher prise et faire face à cette émotion. Vous apprendrez à apprécier ce sentiment, particulièrement quand votre tentative sera positive. Cependant, en évitant une approche, vous allez contenir cette adrénaline qui se transformera en frustration. C'est beaucoup moins agréable à vivre et vous vous en voudrez par la suite. Même lorsque vous essuyez un refus, le fait d'avoir libéré cette adrénaline sera une sensation extrêmement positive et le refus ne vous gênera pas plus que cela. Sans adrénaline, la séduction serait bien moins savoureuse, alors apprenez à l'apprécier.

Les bonnes croyances en séduction

La séduction est intimement reliée à votre système de croyances et à la manière dont vous percevez le monde. Une croyance, c'est une idée que vous avez internalisée dans votre système de pensée et qui est considérée comme étant vraie pour vous.

Elle influence donc directement votre manière de percevoir les événements. C'est souvent une manière d'expliquer les choses dont on ne cerne pas toujours la complexité et la volatilité. Une croyance, c'est seulement votre opinion, votre façon de voir les choses. Ainsi, vous avez une façon de percevoir la séduction et les relations qui vous est personnelle. C'est avec vos premières expériences que vous vous forgez vos premières croyances dans le domaine.

Imaginons un jeune homme qui tente sa première approche de séduction. Il essuie un refus. Troublé et effrayé par cette première expérience il décide de ne plus faire le premier pas par peur d'affronter un nouveau refus. Avec le temps, il aura la conviction d'être incapable d'aborder et de séduire une femme car il n'a pas vécu l'expérience positive de la réussite. Pourtant, elle est potentiellement réalisable, il ne s'est juste pas donné les moyens de la vivre. C'est ainsi que certains hommes peuvent se convaincre qu'ils sont incapables de séduire une femme. Cela est un exemple parmi beaucoup d'autres : les croyances néfastes peuvent intervenir à tous les niveaux de vos relations avec les autres. Vous pouvez penser que vous êtes trop petit, trop gros, trop grand, trop mince pour séduire alors que ce n'est qu'un ressenti basé sur un manque d'expérience. Ce n'est en rien le reflet de la réalité. Une croyance n'est pas la réalité, c'est une perception de cette dernière modifiée par vos valeurs, votre éducation, vos expériences…

Voici quelques exemples de croyances positives qui vont vous aider à améliorer votre façon de voir la séduction et les relations. Repérez les croyances qui semblent en adéquation avec votre personnalité. Répétez-les le matin quand vous vous préparez, à la pause déjeuner, le soir quand vous rentrez chez vous ou même lorsque vous faites du sport. Vous devez y croire. Vous devez les intérioriser et les mettre en pratique dans votre vie de tous les jours.

- « Je suis un homme séduisant. »
- « Je plais aux femmes. »
- « Je me moque de ne pas plaire à tout le monde ! »
- « J'apprends constamment. »

- « Toute interaction est positive et m'apporte des choses. »
- « J'aime faire de nouvelles rencontres. »
- « Je suis ouvert à la discussion. »
- « Les gens apprécient mon contact. »
- « Je peux influencer le cours de ma vie à chaque instant. »

Ensuite, c'est à vous de trouver les croyances qui vous correspondent le plus. Vous devrez les mettre en application dans vos rapports pour qu'elles vous soient vraiment utiles. L'attitude provoquée par vos croyances positives aura un impact considérable sur votre réussite. Parfois, il suffit d'agir en fonction de ces dernières plutôt que de réfléchir à un plan qui sera contre-naturel. Vous devez être capable d'agir avec votre ressenti. Faites confiance à l'expérience positive que vous avez emmagasinée, elle vous permettra de réagir vite face à des situations qui exigeront un état d'esprit solide.

Ce qui fait gagner des points

Afin de vous entraîner à cerner le bon état d'esprit en séduction, voici quelques exemples d'attitudes positives qui vous feront gagner des points dans vos rapports avec les autres et plus spécifiquement avec les femmes.

Accepter la critique. Votre ego sera le principal frein à votre progression. Lorsqu'une personne vous fait une remarque sur votre attitude, demandez-vous ce qui est problématique dans votre comportement et comment vous pourrez le changer. L'autocomplaisance n'a jamais fait avancer personne. Prenez toujours en compte les avis extérieurs sans en devenir dépendant.

Se remettre en question. C'est la suite logique du premier point. Ne restez jamais figé sur vos opinions ou vos idées. Vous devez constamment chercher à vous améliorer. Si vous échouez quelque part, cherchez à comprendre honnêtement pourquoi ça n'a pas fonctionné. Vous êtes le seul à pouvoir vous limiter ou vous faire avancer dans votre quête de l'amélioration de soi.

Sourire. C'est un conseil qui peut paraître simple, mais les gens qui sourient sont rares. Une personne qui ne sourit pas ne donne pas envie d'être rencontrée. Sourire, en plus d'être bon pour la santé et l'estime de soi, c'est exprimer du bien-être. Socialement, c'est véhiculer une image positive et donc être considéré comme plus ouvert.

S'amuser. Il s'agit là aussi de la suite logique du point précédent. Quand vous sortez, c'est pour *vous* faire plaisir et pas pour essayer de donner la meilleure image aux autres. Les femmes savent faire la différence entre un homme qui prend du plaisir à rencontrer les autres et un homme qui se force pour obtenir quelque chose en retour. De plus, lorsque vous vous amusez, vous avez aussi la possibilité d'attirer d'autres groupes qui apprécient votre bonne énergie.

Écouter l'autre, mais non à ses dépens. Autrement dit, une conversation se fait à deux. Les hommes qui attendent leur tour pour placer un maximum de phrases dans l'espoir d'impressionner la femme qu'ils ont en face d'eux n'ont rien compris. Rares sont les hommes qui prennent vraiment le temps d'écouter. Pour vous différencier, il suffit de tendre l'oreille et d'écouter ce qu'elle a envie de partager avec vous. C'est une façon efficace de créer une vraie connexion en parlant de sujets qui lui tiennent à cœur.

Dire « non » aux filles, c'est aussi savoir faire preuve de fermeté. Ne dites pas oui à une femme quand vous pensez le contraire. Si elle fait mine de ne pas apprécier, sachez qu'au fond elle aimera que vous affirmiez vos convictions même si elles sont opposées aux siennes. Beaucoup d'hommes n'osent pas le faire par peur de briser la séduction. C'est le contraire qui se produit : une femme déteste que vous alliez sans cesse dans son sens, surtout quand vous pensez le contraire. Elle veut du challenge, du répondant et du caractère.

Faire savoir, plutôt que de dire directement. La séduction demande de la subtilité. Vous devez vous mettre en avant sans lourdeur ni vanité. Vous ne devez pas lui raconter votre CV dans le but de l'impressionner. Si vous voulez faire valoir un atout de votre personnalité, faites-le en racontant une anecdote et sans en faire trop. C'est en sous-entendant certains aspects qu'elle voudra en savoir plus. Restez toujours humble, même lorsque vous savez que vous êtes brillant dans un domaine précis. Être discret sur ses performances, c'est démontrer de la valeur.

Se respecter. Ne laissez rien passer. Si une femme vous manque de respect, faites-lui comprendre que c'est un cruel manque d'éducation. Si elle va trop loin, avertissez-la une dernière fois et, le cas échéant, coupez court et mettez fin à l'interaction. Cette règle n'autorise aucune dérogation : accepter le manque de respect revient à n'avoir aucun respect pour vous-même. Vous devez imposer des limites claires.

Respecter l'autre. Tout comme se respecter est essentiel, vous devez respecter autrui. C'est un principe qui marche dans les deux sens. Il ne peut pas y avoir un vrai rapport sain sans cette réciprocité. C'est une base de savoir-vivre et de savoir-être en société. Vous pouvez oublier l'image du *bad boy* qui ne respecte rien et qui provoque tout le monde, dans la réalité, cette attitude est un véritable repoussoir social.

Proposer des activités et prendre l'initiative. Vous devez être proactif dans vos démarches de séduction. Vous devez prendre les devants et être différent des autres. En proposant des activités et des nouvelles choses à faire vous allez rapidement gagner des points. Vous ne devez pas avoir peur de faire des choses qu'elle ne connaît pas. Lui faire vivre de nouvelles expériences, c'est s'assurer qu'elle se souvienne de ce moment si particulier passé avec vous.

Prendre des risques. Sinon vous n'obtiendrez rien. Prendre des risques, c'est faire ce que vous avez peur de faire, c'est-à-dire tenter d'aborder une très belle femme, tenter d'échanger vos numéros ou même tenter de l'embrasser. Au final, vous comprendrez qu'il ne s'agit pas vraiment de risques sauf pour votre ego, mais c'est une autre histoire.

Next. Ça ne marche pas avec celle-là ? La suivante est déjà devant vous. Bonne nouvelle, il y a plus de femmes que d'hommes sur Terre et vous avez statistiquement plus de chances de gagner le million au Loto que de ne pas trouver une femme qui vous correspond. Si vous venez de rompre, dites-vous que votre ex n'est pas si unique que ça et que vous apprendrez à aimer à nouveau. Ne vous faites pas de film sur une relation naissante, vous devez rester prudent pour ne pas souffrir inutilement en cas d'échec.

Rencontrer beaucoup de femmes. Pour réussir à faire des rencontres vous devez vous en donner les moyens. Si vous n'avez pas l'habitude de sortir, forcez-vous à le faire au moins une fois par semaine dans un café, un restaurant ou un musée. Si vous sortez de temps en temps, augmentez le rythme. Multipliez les sources de rencontres : inscrivez-vous sur un site de rencontres, abonnez-vous à un club de sport ou un cours de danse.

Rencontrer beaucoup de gens différents. Vous devez également sortir pour expérimenter et socialiser. Ne vous focalisez pas sur les femmes. Un homme séduisant est un homme capable de connecter avec tout le monde : patron de restaurant, responsable d'un club de sport ou encore collègues. Faites également entrer des femmes dans votre cercle d'amitié. Habituez-vous à la présence de femmes sans les assimiler à une potentielle aventure.

Cette fille est sympa, j'y vais. Ce n'est pas plus compliqué que ça. Si vous croisez une femme qui vous plaît, allez-y sans vous poser de questions. Inutile de vous trouver une excuse, vous le faites pour vous et pour elle par extension. Si vous n'y allez pas, vous passez peut-être à côté d'une belle histoire. Ayez le réflexe de parler aux femmes qui vous plaisent tout en restant discret et en évitant les erreurs (voir notre guide sur l'art d'aborder une femme dans le chapitre pratique, p. 99).

Observer les autres. Au lieu de jalouser ou d'ignorer le succès des autres, demandez-vous plutôt comment certains hommes ont réussi à atteindre leurs objectifs. C'est un moyen très efficace pour se motiver. S'il y est arrivé, vous pouvez aussi le faire. Si un homme semble avoir du succès dans sa vie sociale et amoureuse, demandez-vous pourquoi et analysez.

Toujours être le maître de l'interaction. De la phase d'abordage jusque sous la couette, vous devez mener l'interaction. Les femmes apprécient les hommes qui savent prendre les choses en main. Un homme qui ne sait pas ce qu'il veut ou qui n'assume pas n'est pas un homme attirant. C'est à vous de décider de l'isoler, de décider de l'embrasser, de décider de la ramener chez vous… Prenez des décisions avec un air ferme et assuré. Un homme qui sait ce qu'il fait est un homme rassurant.

Une main de fer dans un gant de velours. Cette métaphore exprime parfaitement votre volonté d'avancer tout en y mettant les formes. Vous ne devez pas la brusquer pour avancer dans votre rapport, vous devez l'encourager à vous suivre par des actions plus que par des paroles. Vous savez où vous devez aller mais vous y mettez les formes nécessaires pour qu'elle vous accompagne avec envie.

Ce qui fait perdre des points

Voici un condensé des attitudes qui vous seront très défavorables en société et plus encore avec les femmes. Ces comportements sont pourtant courants. Vous avez ici une occasion de facilement vous différencier.

Faire des reproches. Si la fille ne répond pas au téléphone, ne vient pas au rendez-vous, refuse de se laisser embrasser… ce sont des indicateurs qui signifient que vous devez changer quelque chose dans votre tentative de séduction. C'est une occasion de vous améliorer et de travailler sur vous. Lui reprocher quelque chose alors que vous n'avez pas réussi à la faire rentrer dans votre sphère réduira à néant tous vos efforts passés.

Argumenter. Faire entendre raison à une fille est une des erreurs que les hommes commettent le plus. Il est inutile de tenter de lui faire comprendre que vous êtes celui qu'il lui faut ou qu'elle ne se comporte pas de manière logique. Changez son état émotionnel, et non ses pensées. Laissez la logique de côté, pour commencer.

Parler de sujets plutôt que parler avec la personne. Dans un rapport, ce qui importe, c'est le ressenti, c'est-à-dire l'humour, les émotions, la tension… La passion est primordiale si vous parlez de vos activités (bien que certaines soient difficiles à communiquer : informatique, maths, jeux vidéo…). Peu d'hommes comprennent que le rapport se construit avec les émotions et non pas avec les thèmes qui vont être abordés.

Être indécis. Mieux vaut prendre une décision, quitte à changer d'avis par la suite, que de rester dans l'expectative. Par exemple lors d'un rendez-vous, choisir une activité, le bar, la table, le menu au restaurant, l'heure et le lieu du rendez-vous… Une femme excusera un homme qui prendra une décision maladroite mais ne pardonnera pas à un homme qui n'en prendra pas.

Être suppliant. De quelque manière que ce soit, ne mendiez jamais de l'affection et du sexe. Cela prouve que vous avez peu de succès et que vous êtes prêt à tout dès qu'une opportunité se présente. C'est tout simplement le meilleur moyen de la faire fuir.

J'ai raté, c'est l'horreur, je suis nul. Toute interaction et toute situation vous apportent quelque chose. Vous apprenez tout le temps et encore plus dans l'échec. Quand on réussit, on a tendance à attribuer cela à notre talent, mais lorsqu'on échoue on se penche réellement sur les causes de notre échec. Nous avançons donc davantage.

S'accrocher à cette fille. L'important est l'interaction, plus que la fille en particulier. Vous voulez des relations de qualité avec des gens qui vous plaisent, avec qui vous vous sentez bien, et non un enfer avec une femme parfaite. Rencontrez une dizaine de nouvelles filles et ensuite revenez voir si la perfection de la première existe toujours.

Être négatif. C'est une attitude que vous devez proscrire si vous ne voulez pas finir seul. Une attitude négative consiste à être constamment dans la plainte et les reproches. C'est une des façons les plus efficaces de tuer tout rapport de séduction. Les femmes veulent vivre des émotions intenses et positives. Un homme qui ne sait pas profiter de la vie et qui ne voit que les aspects négatifs est un repoussoir à femmes.

Ne pas accepter ses émotions. Sans aller dans l'extrême de l'hypersensibilité, un homme doit être capable d'accueillir et de comprendre les émotions des autres, que ce soit d'un ami ou d'une femme. Il doit également être capable de montrer ses émotions sans tomber dans la mièvrerie. Un homme est un être humain qui sait se montrer sensible, chaleureux, aimant et attentionné quand il le faut et avec parcimonie. Mais vos émotions sont précieuses, n'en faites pas part aux premiers venus.

Ne rien donner. Un rapport de séduction est une dynamique basée sur l'échange. C'est un apport mutuel. Vous ne pouvez pas indéfiniment prendre sans donner un minimum. Une femme cessera d'investir en vous dès qu'elle s'apercevra que vous ne lui apportez pas grand-chose. Il ne s'agit pas là d'argent. L'homme séduisant apporte des émotions, crée des sentiments et des moments forts. C'est ce qui va le distinguer des autres.

L'état émotionnel

L'état émotionnel est un des facteurs les plus déterminants dans une dynamique de séduction. Si vous êtes dans une attitude positive et ouvert aux autres, vous allez augmenter vos chances de connecter avec les femmes. A contrario, si vous êtes dans une mauvaise passe, les chances de réussite vont diminuer. Il faut vous mettre à la place des gens qui vont avoir un rapport avec vous : imaginez que vous vous fassiez approcher par une personne hyperénergique, très positive et curieuse. Vous apprécierez son contact. Si cette même personne vous approche avec l'énergie d'une limace, il y a peu de chances pour que vous appréciiez cette rencontre. Dites-vous qu'avec une femme le jugement sera encore plus rapide. Elles ont l'habitude d'être souvent mal abordées et seront de ce fait agréablement surprises si vous les approchez avec tact et avec le sourire.

L'importance du niveau d'énergie

Par extension, le niveau d'énergie (tout comme les bonnes croyances) est une des composantes de votre état émotionnel. C'est le carburant qui va alimenter votre bien-être et votre attitude. Si vous êtes fatigué, il est plus difficile d'adopter un bon état d'esprit que quand vous êtes en forme. C'est notamment pour cette raison que je vous encourage à développer un style de vie sain. Ce rythme de vie augmentera votre niveau d'énergie global pour que vous soyez positif tous les jours et pas seulement le samedi soir quand vous sortez boire un verre avec vos amis. Les belles femmes qui apprécient les hommes de qualité aiment s'entourer de personnes énergiques et positives. Les attitudes dépressives, nihilistes et anarchistes ne sont plus considérées comme attirantes. Les groupes de personnes qui s'amusent et qui dégagent de l'énergie sont toujours plus attirants. Faites partie de ces groupes et soyez le fédérateur de cet état d'esprit. Vous serez attirant socialement et automatiquement séduisant car vous apportez ce que la plupart des gens n'expriment pas pour différentes raisons : timidité, pression sociale, mauvais état d'esprit...

Qu'est-ce qu'être naturel ?

Être naturel est une valeur à la mode dans notre société parce que la plupart de nos rapports aux autres sont faussés. On s'ajoute sur Facebook, on s'essaye au *speed dating* et, paradoxalement, on peine à s'adresser la parole en vrai. Finalement, on s'aperçoit qu'il existe une réelle volonté de sortir de ce schéma pour trouver quelque chose de plus profond, de plus vrai et authentique. D'où cette envie de naturel.

On accorde de moins en moins de confiance ou de valeur à des personnes qui veulent paraître trop parfaites. Les petits défauts et la maladresse doivent être assumés. C'est la traduction de notre caractère humain. Nous sommes tous parfaitement imparfaits. Les femmes ont tendance à condamner les hommes qui veulent en faire trop. Que ce soit au niveau du physique, du style ou de l'attitude, une femme cherchera à rencontrer un homme qui n'est pas en représentation. Un homme ancré dans la vraie vie, avec ses hauts et ses bas. Devenir meilleur n'oblige pas à vouloir devenir parfait. C'est au contraire apprendre à connaître ses limites et à mieux s'assumer.

Comment rester soi-même ?

Pour séduire à tous les coups, certains sont tentés de progresser en « s'inventant » une personnalité et une identité. Mais difficile (voire impossible) d'avoir des relations constructives sur le long terme ainsi. Pour vous améliorer dans tous les domaines de votre vie, et pas seulement en matière de séduction pour rencontrer la femme de vos rêves, vous devez accepter qui vous êtes, votre passé et vos échecs. Personne n'est parfait et tout le monde peut devenir meilleur. Faites le point sur qui vous êtes (votre personnalité, vos qualités, vos valeurs…) et essayez de progresser dans des domaines qui vous tiennent à cœur.

Notre entourage nous conseille souvent de « rester soi-même » quand on parle de travailler sur soi. Peu de personnes comprennent l'intérêt de devenir meilleures, comme s'il fallait se contenter d'un destin moyen : enfermé entre quatre murs de 8 heures à 18 heures, marié à une femme par défaut, des enfants hyperactifs et un labrador obèse. Mais les hommes qui ont du succès dans plusieurs domaines de leur vie sont des hommes qui ont travaillé pour y arriver. Ce n'est pas parce que votre entourage ne trouve pas utile que vous progressiez que vous ne devez pas le faire. Il est même parfois possible que vos proches ne souhaitent pas vous voir évoluer plus qu'eux… Conseiller à quelqu'un de rester lui-même pour séduire n'est pas un bon conseil. En effet, dites à un homme timide et complexé de rester lui-même pour séduire une femme et il restera timide et complexé. Il ne sera donc pas plus séduisant. Partez plutôt du principe que rester soi-même, c'est justement être un soi en mouvement, toujours dans l'action, dans le développement, la curiosité et le positivisme.

2 SE CONSTRUIRE UNE IMAGE SÉDUISANTE

Comment améliorer son style vestimentaire ?

Cela ne suffira pas mais sachez qu'un look négligé peut vraiment nuire à votre image, tandis qu'un bon style peut la valoriser… et vous donner confiance en vous. Les femmes sentent si vous êtes à l'aise avec votre image. Cela va même plus loin. Voyant que vous êtes à l'aise avec ce que vous dégagez, elles seront également plus détendues.

Ce chapitre n'a pas pour but de faire de vous un cador de la mode, mais de vous fournir les 20 % de connaissances qui produiront les 80 % de résultats. Bien s'habiller contribuera à votre réussite sociale et professionnelle.

Le bas de votre tenue : le jean brut

J'accorde beaucoup d'importance dans le fait d'avoir un beau jean brut bien coupé, pour une raison toute simple : c'est l'un des vêtements les plus polyvalents qui soient. Certes, ce n'est pas le pantalon le plus confortable en été, en raison de l'épaisseur de la toile. Mais s'il fait trop chaud, suivez les conseils p. 72.

Un jean s'achète toujours un peu serré, car le denim est un tissu qui se détend beaucoup. Un jean s'agrandit d'une taille environ. Cela vous paraît peut-être évident, mais c'est pourtant la vérité la plus difficile à faire passer en relooking. C'est d'ailleurs assez curieux de voir que la plupart des hommes ont peur d'acheter trop petit alors qu'ils se fichent royalement d'acheter trop grand.

Au niveau de la coupe, le jean ne doit surtout pas flotter au niveau des cuisses, encore une fois il doit être légèrement serré. Si au début vous avez du mal à récupérer votre portable dans votre poche, c'est tout à fait normal, soyez patient. Aussi, ne vous laissez pas tromper par la coupe au niveau des fesses. En effet, avant que le jean se soit détendu et creusé, les fesses ont bien souvent un aspect étrange.

Vous trouverez de bons jeans bruts pour 120 € environ (Acne, Bill Tornade, APC, Naked & Famous, April 77, Renhsen). À noter que les jeans Uniqlo à 50 €, en toile japonaise, sont vraiment honnêtes pour ce prix. Ensuite, essayez de trouver un jean gris (plus compliqué à trouver, mais faisable) et un jean délavé. Pour ce dernier, faites extrêmement attention à la coupe, elle doit être parfaite. Sinon, vous ferez partie de cette masse d'hommes qui achètent leurs jeans délavés chez Celio, trop grands et mal coupés de surcroît (particulièrement au niveau des cuisses et des fesses).

Dernier conseil sur le jean : ne le lavez pas, ou très très peu. Même les meilleurs jeans supportent mal les lavages intensifs. Ne le lavez qu'une à deux fois par mois au maximum, à l'envers, à 30 °C et ne le mettez jamais au sèche-linge.

Vos chaussures : pièces des plus importantes

Je ne connais pas une seule femme qui ne fait jamais attention à ce que porte un homme aux pieds. Vos souliers en disent long sur vous et, bien souvent, c'est ce qu'elles regardent en premier et elles ont bien raison. C'est LA pièce qui déteint sur toute votre tenue, contrairement à un T-shirt par exemple. C'est aussi la pièce où on constate le plus grand nombre de ratages.

On pourrait écrire tout un livre à ce sujet, tant il y a à dire. Pour commencer, concentrez-vous sur la forme, c'est ce qui se remarquera en premier. Prenez une forme dynamique, avec une semelle assez fine si possible. Le seul moyen de repérer une belle forme reste l'expérience. Alors bloquez-vous un après-midi, et écumez toutes les boutiques de chaussures de votre ville, et dans toutes les gammes de prix, c'est le plus important. Si à la fin de la journée vous avez du mal à faire la différence entre une paire haut de gamme et une paire Bata, c'est que vous avez manqué d'observation. Ou alors, vous êtes tombé sur une paire avec un très bon rapport qualité/prix.

Pour la couleur, aussi paradoxal que cela puisse paraître, je déconseille d'acheter des souliers noirs, qui sont souvent trop fades. Prenez du marron et, si vous en avez la possibilité, du gris. Des chaussures grises sont extrêmement élégantes et originales.

En ce qui concerne le budget, j'ai une mauvaise nouvelle à vous annoncer. Il est très difficile de trouver une paire convenable à moins de 150 €. Alors attendez patiemment les soldes et faites-vous plaisir au Printemps ou aux Galeries Lafayette, qui n'hésitent pas à appliquer des remises généreuses.

Dernier point, n'oubliez pas aussi que le cuir se détend, donc si vous ressentez un tout petit peu d'inconfort, ne vous inquiétez pas, la chaussure va parfaitement se faire.

Quelques marques qui peuvent vous orienter : Dodoni, Santoni, Heschung, Emling, Rautureau, Premiata, Markowski, Atelier Bottier, Loding, Florian Denicourt et Finsbury.

Un petit mot également sur les « Desert boots », ces chaussures décontractées mi-montantes. Je vous les conseille, car elles sont très confortables, et plus décontractées qu'une paire de souliers classiques, sans avoir le relâchement d'une paire de sneakers. La référence en matière de Desert boots est la marque Opening Ceremony, avec un large choix de couleurs. Vous pouvez y aller l'esprit tranquille, pour 200 € hors soldes.

L'entretien de vos chaussures est indispensable et non négociable. Vous devez coûte que coûte poser des patins si la semelle est en cuir, mettre des embauchoirs (généralement en bois, ils permettent de conserver plus longtemps une belle forme à vos chaussures), les nettoyer avec du lait nourrissant puis les cirer. Beaucoup d'hommes portent des souliers sales, cela leur donne un style beaucoup trop négligé.

Voici quelques conseils facilement assimilables et applicables :

- *Le forum De pied en cap :* c'est un forum technique, pointu, avec ses codes bien à lui, mais vous apprendrez beaucoup de choses en peu de temps sur les souliers et leur entretien (très important). www.depiedencap.eu
- *La leçon de cirage par Olga Berluti :* tout y est sur l'entretien, vous ne trouverez pas plus pédagogique, passionné, concis et complet. www.berluti.com rubrique « Le savoir-faire et la création », puis « Leçon de cirage ».

Étant passionné, je ne pouvais pas faire l'impasse sur les sneakers. C'est un type de chaussures que je trouve extrêmement pratiques, car très confortables et plus résistantes qu'une belle paire de souliers. Une règle d'or : plus c'est simple, mieux c'est. Prenez des sneakers sobres : des blanches, éventuellement des grises ou des bleues, mais jamais de sneakers noires. On peut bien s'en sortir pour 150 € hors soldes. Orientez-vous vers des marques telles que Common Project, ou même certaines rééditions vintage de marques comme Adidas et Nike. Veja réserve parfois de bonnes surprises également. Le top du top reste quand même les sneakers de créateurs du type Lanvin ou les sublimes Dior de l'été 2010, mais soyons honnêtes, le prix est assez dissuasif (on atteint facilement les 400 €). Là aussi, les soldes seront salvatrices pour votre porte-monnaie.

Mais le monde des sneakers va vite, et présente une profusion de marques. Je vous conseille de suivre la rubrique sneakers du site www.upscalehype.com en restant concentré sur les marques de couturiers connus, le reste n'est que du mauvais goût ostentatoire (voir les sneakers Louboutin à pics qui coûtent un bras).

Le haut : votre chemise

J'ai une bonne nouvelle, il est possible de trouver de jolies chemises pour pas trop cher. En revanche, il va falloir essayer beaucoup de modèles avant de trouver la marque qui vous va parfaitement. Donc n'hésitez pas à essayer des chemises dans plusieurs magasins, et dans toutes les gammes de prix.

Pour un bon roulement, vous devez avoir six ou sept chemises. Prenez du blanc, du gris, du bleu clair, du violet, et éventuellement quelques rayures et motifs, mais jamais de noir, ça ne va avec… rien. Une fois ces basiques acquis, autorisez-vous un peu plus d'originalité avec des cols plus travaillés (col officier par exemple).

Une chemise vous va quand la couture des épaules tombe pile poil sur la protubérance osseuse de votre épaule. Les bras le long du corps, le bouton de la manche fermé, la manche doit descendre après le poignet et avant la naissance du pouce. Quand vous êtes debout, vous ne devez pas avoir plus de 2 cm d'espace entre le tissu et votre aisselle, quand vous tendez le tissu. De manière plus générale, si votre chemise flotte au niveau des aisselles, côtés poitrine et dos, il y a de fortes chances qu'elle soit trop grande pour vous ou pas adaptée à votre morphologie.

Quelques marques pour vous aider, suivant votre morphologie et votre budget :

	Buste élancé, bras longs	**Buste large, bras musclés**
Petit budget	Zara, COS, H&M, et éventuellement Jules et Celio Club (coupes « slim » / « fitted » uniquement)	Devred, Jules, XOOS (uniquement les modèles les plus sobres), Zara pour certains modèles

→

	Buste élancé, bras longs	**Buste large, bras musclés**
Budget conséquent	Melinda Gloss, Givenchy, Dior, Filippa K, Wooyoungmi, Tremblay Alvergne, Bill Tornade (en soldes uniquement), Paul Smith	Kenzo, Givenchy, Melinda Gloss (cette marque, du fait de ses manches longues et de ses poignets bien coupés convient réellement à un large spectre de morphologies)

Ce tableau n'est pas exhaustif, il vous donnera de grands axes pour vos recherches, à vous d'explorer d'autres marques !

Pour l'entretien, lavez vos chemises à 30 °C, pas plus. Et surtout, repassez-les ! Sinon, c'est tout de suite très flagrant au niveau du col.

La veste

Vêtement élégant et masculin, vous ne pouvez pas passer à côté. Si vous ne connaissez pas grand-chose en matière de mode, choisissez une veste de couleur grise, que vous pourrez mettre avec tout. Choisir une veste avec un cintrage bien adapté à votre morphologie est un art délicat, qui demande là aussi de l'expérience. Essayez beaucoup de modèles et de marques avant de faire votre choix. Une veste est à votre taille quand :

- il y a le moins de plis possible au niveau du dos (mais difficile d'en avoir aucun) ;
- il y a des plis très légers au niveau du ou des boutons ;
- vos hanches sont mises en valeur par la courbure de la veste ;
- il y a le moins d'espace possible entre votre épaule et le tissu.

Cela dit, n'hésitez à faire retoucher votre veste par un tailleur, ça peut tout changer.

Pour les plus petits budgets, chez Zara, H&M, Jules et Devred, à chaque collection, il y a toujours une veste (voire deux, grand maximum) qui a un excellent rapport qualité/coupe/prix. Notez aussi que les vestes les mieux coupées sont chez H&M, mais c'est également les moins qualitatives. Donc n'oubliez pas, repérez la veste qui sort du lot à chaque collection.

Avec un budget confortable (environ 400 €), il est très facile de trouver une bonne veste chez Acne, Filipa K, Melinda Gloss, Givenchy ou Wooyoungmi.

Un bon moyen d'apporter une touche décontractée est de porter un T-shirt sous une veste. Dans l'idéal, prenez des couleurs très sobres (blanc, gris, bleu, ou beige clair) et une matière un peu travaillée comme par exemple un jersey de coton avec un effet de vieux.

Le manteau

Attention, pièce à gros budget aussi (400 €)... La bonne nouvelle, c'est qu'il est très rare de croiser dans le prêt-à-porter des manteaux de mauvais goût. Pour savoir si un manteau est à votre taille, référez-vous aux critères de taille d'une veste. Essayez-le avec au moins deux couches de vêtements pour ne pas fausser la taille. Les personnes de petite taille se dirigeront vers des cabans, plus adaptés à leur silhouette.

Allez chez Melinda Gloss (meilleur rapport qualité/prix, et de loin), Wooyoungmi, Neil Barett ou Filipa K.

Pour un budget plus réduit, Zara et COS sont les seules alternatives vraiment intéressantes.

Pour les plus jeunes

Un blouson sera plus adapté si vous portez des sneakers. Je pars du principe que vous avez un petit budget, donc je vous orienterais vers Zara, c'est la seule marque de prêt-à-porter bon marché qui propose des blousons honnêtes, quoique certains puissent être un peu ostentatoires.

Pour les T-shirts, il est extrêmement facile de trouver des basiques pas cher. American Vintage, American Apparel, ou même Celio et Jules proposent des T-shirts à col V qui vous feront un ou deux étés sans problème. Pour les T-shirts plus travaillés, c'est sur Internet qu'il va falloir les chercher. Dirigez-vous vers des marques telles que Pasarella ou Six Pack. À noter que Zara, Celio et Uniqlo font des séries spéciales assez sympathiques de temps en temps.

Enfin, n'oubliez pas de mettre une écharpe légère pour accessoiriser facilement. Vous en trouverez des très bien chez COS, Zara, Chevignon, ou même Devred.

Et l'été ?

En période de fortes chaleurs, tournez-vous vers les pantalons en lin, beaucoup plus pratiques et confortables qu'un jean. Prenez des couleurs claires, pour la simple et bonne raison que des couleurs foncées absorbent la chaleur. Profitez des soldes pour acheter des chemises légères, retroussez les manches et il n'en faut pas plus pour vous promener en bord de mer.

Aux pieds, de simples tongs suffisent, mais vous pouvez aussi porter une paire de mocassins gris (mais délicat à trouver), des Desert boots ou même des sneakers basses en toile.

Comment optimiser son physique ?

Depuis tout petit, on vous a mis en tête que seuls les plus beaux pouvaient séduire.

Être « beau » physiquement aide énormément, c'est une certitude. Cependant, c'est bien plus le fait d'avoir un physique désavantageux qui est pénalisant, par rapport à un physique banal.

Cela dit, le physique est loin de tout faire. Il contribue à votre attraction passive, celle où vous n'avez besoin de rien faire pour attirer des femmes et qui facilite les premiers regards. Mais entre un bel homme réservé et peu confiant et un mec normal, qui sourit, qui s'amuse et qui comprend les femmes, il y en a un des deux qui a un énorme avantage sur l'autre. Cet exemple illustre bien la puissance de l'attraction active, que je développe depuis le début de ce livre : état d'esprit, bonne humeur, conversation intéressante, connexion, etc.

Quand une femme trouve un homme « beau », c'est tout un ensemble qu'elle juge. Il y a bien sûr son visage, mais aussi son style, son langage corporel, sa manière d'être, etc. Bref, tout un tas de petites choses où vous avez de la marge de progression.

La bonne nouvelle, c'est qu'il existe beaucoup de moyens d'améliorer son physique.

- *Le sport.* C'est un impératif. Un sport cardio-vasculaire (vélo, course à pied...) pour mincir ou rester mince et des exercices de musculation pour votre silhouette. Vos muscles seront mieux dessinés, et vous vous sentirez plus confiant, sans compter tous les bienfaits innombrables pour votre santé. Beaucoup d'hommes aimeraient avoir un corps de rêve, mais peu se donnent les moyens d'y arriver. À vous de choisir votre camp.
- *Une alimentation équilibrée.* Je vais vous livrer un petit secret à propos de vos abdos : inutile de les muscler si vous avez une couche de graisse par-dessus. Pour la perdre, il vous faudra avant tout un régime alimentaire équilibré. Travaillez donc impérativement sur la manière dont vous vous nourrissez.
- *Une barbe de 3 jours* et *une bonne coiffure* (voir plus loin).
- *Vos vêtements* évidemment. De manière plus générale, votre style contribue énormément à l'aura que vous dégagez, utilisez donc tout ce que vous avez appris dans ce chapitre.
- *Votre sourire.* Si vous pensez que votre sourire ne mérite pas d'être montré, prenez-vous en main et consultez un dentiste une bonne fois pour toutes.

Dites-vous bien que vous n'avez aucune excuse en ce qui concerne votre physique, absolument aucune. Tout ou presque (teint, peau, coiffure, muscles) bénéficie d'une marge de progression, à vous d'en profiter. Mais effectivement, cela va demander quelques efforts de votre part et aussi une prise de risques.

Peau et coiffure

Rien ne sert d'avoir une tenue impeccable si c'est pour arborer une peau négligée et une coiffure ringarde. C'est un détail auquel vous faites très attention inconsciemment chez les femmes, alors imaginez que de leur côté, elles sont cent fois plus sensibles à l'état de votre peau. Ce n'est pas l'objet de ce livre de traiter ce sujet en profondeur, mais il y a quelques fondamentaux à rappeler :

- Votre peau est directement liée à la qualité de votre alimentation. Junk-food = junk-skin, c'est aussi simple que ça.
- Investissez dans un gel nettoyant pour le visage, utilisez-le sous la douche et le matin si vous en ressentez le besoin (attention, des lavages de visage trop fréquents peuvent dessécher la peau, d'où l'importance d'appliquer une crème hydratante). Vous allez voir, vous ne pourrez bientôt plus vous passer de la sensation d'un visage fraîchement et parfaitement nettoyé.
- N'ayez pas peur d'emprunter des cosmétiques au rayon femme si vous avez des besoins très spécifiques (je pense notamment aux anticernes).

La rubrique « Beauté forme » de www.commeuncamion.com est très utile. Pour l'avoir personnellement rencontré, Joe, le webmaster, est extrêmement vigilant à la qualité des cosmétiques masculins qu'il teste.

Enfin, si vous avez un problème particulier (eczéma, acné...), consultez un dermatologue.

Passons maintenant à la coiffure. On en parle peu dans le milieu du relooking pour hommes, et c'est bien dommage. Amusez-vous à regarder l'émission de relooking de M6 *Nouveau look pour une nouvelle vie*. Si les relookings pour homme sont un peu « particuliers », les coiffeurs sélectionnés sont tous excellents et le changement d'allure est radical chez les relookés. Si vous vous inquiétez déjà à propos des premiers cheveux blancs qui apparaissent (poivre et sel), un bon coiffeur vous dira que correctement coiffés, ils peuvent vous donner beaucoup de charme.

Je sais aussi que certains d'entre vous pensent qu'ils ont des cheveux trop bizarres pour être correctement coiffés (bouclés, épis indomptables, etc.). Là aussi, investissez vos efforts dans la recherche d'un bon coiffeur qui vous fera payer 30 € une coupe s'il le faut. Évitez les grandes chaînes de coiffure, toutes les coupes sont standardisées.

Personnellement, je travaille avec Rudy de Coiff1rst, rue du Four (dans le VIe arrondissement à Paris), mais j'ai également entendu beaucoup de bien du salon de coiffure Edgar A., près de la Madeleine, à Paris également.

Les 5 erreurs à éviter absolument sur votre aspect physique

1. Des vêtements à la mauvaise taille

Eh oui, malgré le nombre de moyens accessibles aux hommes désireux de s'améliorer physiquement, le mauvais choix de taille reste l'erreur la plus répandue en matière de vêtements. Aussi, peu d'hommes achètent des vêtements en pensant à leur évolution, voilà pourquoi tant d'hommes portent des jeans trop grands à la taille (avec paradoxalement les jambes trop courtes), des cuirs aux épaules tombantes et des chemises flottantes.

2. L'entretien négligé des vêtements

Arrêtez de maltraiter vos vêtements en les jetant en boule, en les lavant trop souvent, sans vous préoccuper des instructions de lavage. Lavez tout à 30 °C, en plus c'est économique et écologique. Bannissez le sèche-linge, c'est extrêmement agressif pour les tissus. Et amenez au pressing les vêtements où le lavage à sec est impératif (c'est indiqué sur l'étiquette du vêtement).

3. Le manque de retouches

Peu de gens prennent la peine d'aller chez un retoucheur pour faire un ourlet à un jean, alors que cela coûte à peine 10 €. Un bas de jean sale, déchiré et massacré, c'est vraiment répugnant et négligé. Pensez aussi à faire retoucher les vêtements dans lesquels vous flottez un peu, généralement, ce n'est pas très cher.

4. Les chaussures sales

C'est l'erreur la plus répandue, la plus flagrante et celle qui, à mon sens, plombe le plus une tenue. Pourtant, s'occuper de ses chaussures est un investissement des plus rentables : ça coûte trois fois rien et ça rapporte beaucoup en termes d'image. Sans compter que vous pourrez les conserver plus longtemps.

5. Négliger sa coiffure

Trop d'hommes subissent leurs cheveux, ne sachant trop quoi en faire. Pourtant, avec un bon coiffeur, je le répète, des miracles peuvent avoir lieu.

Le mot de la fin

Vous avez maintenant les connaissances nécessaires pour les bases d'un bon style. N'oubliez pas de commencer votre voyage en matière de style avec plaisir, c'est très important pour la suite. Appréciez de vous mettre en valeur : découvrez de nouvelles pièces, essayez-les sans acheter, afin d'avoir une large palette de représentations de vous-même.

Pour ceux qui désirent aller plus loin en matière de style, je vous invite à télécharger l'*E-book look* sur mon site Lifestyle-conseil.com.

Comment séduire grâce à son langage corporel ?

Avoir de beaux vêtements, c'est bien, mais bien bouger dedans, c'est mieux. Étant diplômé d'une école de communication, je suis bien placé pour savoir que vos gestes, votre attitude, importent autant, si ce n'est plus, que vos paroles.

Si vous n'êtes pas convaincu, demandez à vos amies à quoi elles voient qu'un homme a confiance en lui, où qu'est-ce qui les attire. Bien souvent, elles vous donneront des réponses du type : « sa démarche », « la manière dont il occupe l'espace », etc. Et puis n'oublions pas qu'avoir un langage corporel détendu apaise les femmes, comme le sourire.

En améliorant votre langage corporel, votre manière d'être, vous ferez d'énormes progrès, que ce soit pour séduire mais plus largement pour améliorer votre aisance avec les autres, dans votre vie personnelle et professionnelle.

Sérieusement, passez une journée ou une soirée en vous appliquant sur ce que votre corps exprime, et je suis sûr que vous constaterez des changements.

Le sourire

C'est le point fondamental et celui sur lequel on n'insiste pas assez. C'est la base de tout. À quoi reconnaît-on que quelqu'un est heureux, ouvert, confiant et sociable ? Pas à ses vêtements ni à sa manière d'aborder, mais à son SOURIRE. Je sais bien que James Bond véhicule une image d'homme mystérieux, mais vous n'êtes pas un agent secret. Alors arrêtez de faire la tête quand vous arrivez en soirée et souriez. Il y a un exercice tout simple à faire pour voir l'effet d'un sourire. Placez-vous face à l'entrée dans un bar un samedi soir, et regardez les hommes qui entrent. Quels sont ceux qui entrent en souriant et ceux qui ne sourient pas ? Quelles sont les différences ? Et surtout, quels sont ceux qui sont regardés longuement par les femmes ? Les conclusions devraient vous sauter aux yeux et vous faire prendre conscience qu'on a trop souvent des visages fermés, évasifs ou peu accueillants.

Souriez-vous à une personne quand vous lui dites bonjour ? C'est tout bête, mais essayez, et vous verrez.

L'idéal, c'est de ne pas se forcer à sourire. Votre sourire doit être parfaitement naturel et spontané. Ça doit venir du cœur. Vous souriez parce que :

- vous êtes content d'aller à une soirée ;
- vous prenez plaisir à rencontrer et découvrir de nouvelles personnes ;
- vous êtes vraiment heureux de revoir vos amis et votre famille ;
- vous passez un bon moment ;
- vous apportez de la bonne humeur et de l'énergie positive.

Bête comme chou n'est-ce pas ? Mais alors pourquoi aussi peu d'hommes prennent la peine d'exprimer cette sérénité intérieure ? Vous êtes content ? Montrez-le ! À noter que le sourire aide aussi à se détendre et à se mettre dans un état émotionnel adéquat.

Ainsi, quand vous rencontrez une femme, n'ayez pas peur de sourire, ça va la rassurer et dans 99 % des cas, vous obtiendrez un grand sourire en retour.

Normalement, si vous avez une vie épanouie dans laquelle vous faites des choses qui vous plaisent, vous devriez avoir le sourire naturel. Si ce n'est pas le cas, interrogez-vous sur ce qui vous ferait sourire. C'est l'occasion d'une introspection qui peut avoir une portée insoupçonnée. Beaucoup trop d'hommes ne savent pas répondre à cette question pourtant toute simple : qu'est-ce qui vous fait sourire ? À vous de trouver (et de construire) votre réponse.

Alors, une fois de plus, souriez, on vous le rendra bien, croyez-moi. Il vaut mieux avoir un physique lambda mais être de bonne humeur et souriant, qu'être beau avec un visage fermé.

Les situations angoissantes

Pour peu que vous soyez timide, il peut vous arriver de vous trouver dans des situations sociales angoissantes qui peuvent déteindre sur votre langage corporel. Le meilleur moyen de gérer ces changements dus au stress est d'en être conscient. Il faut savoir qu'en situation de stress, votre corps se sent en danger, il est aux aguets et il se prépare à faire un effort (à fuir). Les muscles se crispent, entraînant ainsi :

- *Des gestes inquiets et rapides.*
- *Des mains qui se crispent.* Les mains sont un excellent indicateur de l'état émotionnel d'une personne, prenez-en conscience, et détendez vos mains. Ne les laissez pas se crisper sur vos cuisses quand vous êtes assis par exemple.
- *Un abaissement de la nuque,* car une fois de plus, stress = sensation de danger imminent. Redressez-vous et respirez par le ventre, comme d'habitude.
- *Des tics nerveux :* tapotements, triturages d'un objet, bref, toutes ces choses que l'on trouve parfaitement insupportables chez les autres. Une fois de plus, détendez vos mains et vous détendrez votre corps.

Dans cette situation-là, votre corps émet plein de petits signaux auxquels les femmes sont très sensibles. Comme je vous l'ai dit, prendre conscience des micro-changements de votre corps est un bon début pour corriger votre langage corporel. Utilisez aussi la respiration ventrale, ce n'est pas pour rien que cette technique est au cœur de la pratique du yoga. Dans ces moments-là, l'impatience est votre ennemie, et vous n'êtes plus dans le moment présent, vous pensez trop. Prenez conscience de votre état émotionnel du moment, des répercussions qu'il a sur votre corps et décontractez-vous.

Prendre son temps

C'est un concept que j'aime beaucoup, surtout dans nos environnements urbains où tout le monde est pressé. Vous avez dû lire un peu partout qu'il fallait avoir des gestes lents. C'est parfaitement ridicule quand c'est artificiel, mais quand vous êtes tranquillement à votre rythme, en train de sourire, vous êtes un autre homme. Mais là où c'est encore plus puissant, c'est quand vous prenez votre temps pour parler. Face à une femme que vous abordez, c'est extrêmement utile. En effet, face à une inconnue, étant donné que vous avez peur qu'elle s'en aille, vous cherchez inconsciemment à délivrer le plus vite possible votre message. Alors que prendre le temps de parler, de faire passer son message, en n'ayant pas peur de ne pas être écouté jusqu'au bout véhicule énormément de confiance. En effet, vous savez que vous avez des choses intéressantes à raconter, alors vous n'avez pas peur. C'est aussi simple que ça, mais en même temps difficile à appliquer les premières fois.

Le regard

Georges Rodenbach, un poète belge, a dit que les yeux étaient la fenêtre de l'âme. Votre regard est effectivement important, surtout chez les femmes. Quand vous demandez à vos amies à quel moment se met en place un jeu de séduction, elles vous répondront toutes que ça commence par des jeux de regards.

Là aussi, c'est une arme sous-estimée par trop d'hommes. Un homme qui n'a pas peur de soutenir le regard d'une femme et surtout de jouer avec, est immédiatement remarqué, et dans le bon sens. Quelques regards soutenus (sans exagérer !) permettent d'instaurer très facilement une tension profitable pour vous. D'autant plus qu'un regard fuyant donne l'impression que vous n'assumez pas le rapport. Le sourire et le regard, voilà deux axes d'amélioration à ne pas négliger.

Prendre de l'espace

Dans un sens comme dans l'autre, les hommes sont souvent dans l'exagération. Soit les hommes cherchent à se faire oublier, soit ils ont les jambes bien écartées et sont complètement avachis sur leur fauteuil (ils n'ont pas l'air détendus mais ridicules). Arrêtez de chercher à vouloir occuper le plus d'espace possible. Occupez l'espace dont vous avez besoin et qui vous est confortable, voilà la nuance qui change tout.

De manière générale, ne laissez rien entraver vos bras quand vous êtes assis. En ce sens, étendre son bras sur un dossier de canapé peut être plus confortable. Aussi, n'hésitez pas à utiliser les dossiers de chaises, se pencher un petit peu en arrière est effectivement un signe de décontraction. Mais tout est dans la nuance.

La voix

La voix est une arme bien souvent sous-utilisée. David Shade, célèbre coach en séduction américain, n'hésite pas à dire que « c'est votre outil le plus sexy, le plus puissant ». Devenez sensible à la voix des hommes qui vous entourent. Vous vous apercevrez qu'elle en dit long sur la personne qui parle. Elle en dit long sur la joie, le désir, mais aussi la tristesse et l'apathie.

On vous a peut-être conseillé de parler lentement et d'une voix grave pour paraître confiant. Ne suivez pas ce conseil, cela manque de spontanéité. Une voix forcée s'entend très vite.

Plutôt que d'essayer de parler lentement (forcé) et de passer pour un homme sans énergie, changez votre état d'esprit et apprenez à prendre votre temps de manière naturelle, tout simplement. Cela demande d'être dans le moment présent et d'avoir suffisamment de recul et de lucidité sur soi-même pour pouvoir s'apercevoir que quand vous parlez trop vite c'est parce que vous êtes stressé. Encore une fois, quand vous aurez appris à prendre votre temps à chaque prise de parole, vous aurez largement gagné en charisme.

Cependant, cela ne vous empêche pas de le faire avec énergie. C'est peut-être l'aspect le plus difficile à comprendre : prendre son temps, mais l'utiliser avec énergie et dynamisme. Vous vous rendrez vite compte que cela correspond en fait à un état d'esprit détendu. N'ayez pas peur de mettre des émotions positives dans votre voix (joie, bonne humeur, mais aussi curiosité et intrigue), car ce sont elles qui apporteront de l'énergie.

C'est encore plus vrai au téléphone, où le fait de parler à son rythme et en faisant passer ses émotions est absolument primordial, car la qualité du réseau est loin d'être parfaite où que vous soyez. C'est très accrocheur et séduisant vis-à-vis d'une femme.

Le mot de la fin

Réfléchissez quelque temps à votre langage corporel pour comprendre vos tics et défauts et pour les corriger. Ensuite, évitez de trop y penser, car cela se voit. C'est là tout le paradoxe du langage corporel : être détaché de son corps, être dans le moment présent, passer du bon temps, mais en même temps être conscient des états émotionnels qui influent sur nos gestes.

3 PRATIQUER LA SÉDUCTION AVEC SUCCÈS

S'entraîner encore et encore

Pour réussir à aborder une femme et la séduire, il vous faudra de l'entraînement et cela même si vous avez lu les meilleurs livres sur le sujet. La séduction est une activité qui doit se pratiquer pour être comprise. Lorsque vous allez vous lancer la première fois, lancez-vous à fond. Ne faites pas qu'une seule approche bancale pour vous dire ensuite : « Ça y est, j'ai abordé une femme dans la rue, j'ai compris comment ça marche. »

Vous allez devoir vous entraîner et aller à la rencontre de nombreuses femmes, même celles qui vous attirent moyennement. Vous comprendrez ainsi toutes les subtilités de l'approche. Vous devez comprendre comment et pourquoi vous échouez. Vous devez aussi comprendre comment vous auriez pu mieux faire et quelles sont les erreurs que vous n'allez plus commettre. Abordez donc autant de femmes que possible. Ne vous trouvez pas l'excuse de l'exigence : vous ne pouvez être exigeant qu'à partir du moment où vous avez le choix. C'est la manière de procéder la plus efficace. Elle vous entraînera à être à l'aise et préparé quand vous rencontrerez celle qui vous plaira vraiment.

À partir du moment où vous serez à l'aise avec l'approche dans toutes les circonstances, vous allez pouvoir chercher à développer votre niveau, que ce soit au sujet de vos cibles ou de la qualité du rapport. Vous devez éviter de stagner et c'est pourquoi vous allez dans ce deuxième temps choisir des femmes qui vous plaisent beaucoup. Le genre de femmes que peu d'hommes osent vraiment approcher avec classe et subtilité. Le genre de femmes qui impressionnent autant qu'elles font peur. Ce genre de femmes n'est pas spécialement réservé à une élite. Vous avez votre chance. Il suffit de la prendre et de forcer votre destin. Vous savez comment fonctionne l'approche en termes d'état d'esprit et en termes de technique, vous avez donc la faculté de réussir.

Comprendre la différence entre distraction et séduction

La majorité des hommes qui souhaitent approcher une femme dans un contexte social ont peur du rejet et du regard des autres. Ils ont donc une tendance à ne pas assumer un rapport de séduction. Ils approchent les femmes en leur demandant diverses choses : l'heure, du feu pour allumer une cigarette, un mouchoir, le nom d'une rue ou d'un magasin… Ils essayent ensuite tant bien que mal de continuer la discussion toujours dans un registre ultra-factuel. Ce procédé ne fait évidemment pas décoller la dynamique même si la femme abordée discute quelques minutes avec l'homme qui tente cette approche. Il n'y a aucune tension dégagée par ce rapport et il n'y a pas non plus d'attitude de séduction claire. Nous sommes ici dans une phase de distraction. Cette phase est utile dans un contexte social de groupe mais ce n'est pas une méthode efficace pour aborder une femme qui vous plaît. En effet, lorsque vous sauterez du coq à l'âne en lui proposant d'échanger vos numéros, elle ne comprendra pas la transition et il y a de fortes chances qu'elle refuse.

Un rapport de séduction instaure clairement une tension et une déclaration directe ou indirecte de votre intérêt pour cette femme. Et le fait de lui demander votre chemin n'est pas une déclaration d'intérêt indirecte. La femme que vous abordez doit clairement comprendre que vous êtes dans une dynamique de séduction. Vous devez assumer ce rapport sinon vous n'irez jamais plus loin. Assumez qu'elle vous plaise, assumez d'avoir envie de lui plaire et assumez de prendre les devants en rentrant dans un vrai rapport de séduction. C'est aussi une manière efficace pour savoir clairement quelles sont vos chances : soit elle n'est pas intéressée et vous évitez ainsi de perdre du temps, soit elle est intéressée et cela débouche sur une potentielle relation. C'est beaucoup plus simple et agréable n'est-ce pas ?

Vous devez cesser de vous trouver une excuse pour séduire. Prenez conscience que le fait de bien approcher est suffisamment rare pour que cela vous mette automatiquement au-dessus du lot. Il suffit alors de continuer sur un registre efficace de séduction pour concrétiser : tension, émotion et décontraction. Un homme distrayant n'est pas un homme séduisant. C'est un homme qui fait passer le temps et pas un homme avec qui on a envie de passer du temps.

L'importance de savoir donner

Savoir donner est à mon sens un élément déterminant dans les relations sociales, professionnelles, amicales et amoureuses que vous pourrez avoir. Savoir donner est une qualité qui vous place au-dessus de la masse. Donner sans but si ce n'est de se développer soi-même est une des plus grandes qualités qu'une personne puisse avoir. Nous évoluons dans une société qui nous encourage à nous autocentrer et à ne fonctionner que via des accords marchands : « Je te donne 50 € si tu me rends tel service. » Et si vous changiez votre manière de voir les choses pour donner aux gens que vous aimez ? Faites-le dans tous les domaines de votre vie et observez les résultats pendant une semaine. Vous serez étonné de voir certaines de vos relations évoluer et se renforcer.

Pour avoir un vrai rapport avec les personnes qui vous entourent vous devez donner. Vous devez sourire et offrir votre bonne humeur quand vous rencontrez une nouvelle personne. Vous devez proposer d'épauler ou de mettre en avant un collègue que vous estimez méritant. Vous devez donner des émotions et faire l'amour à votre copine en pensant à son plaisir. Les gens nous apprécient aussi pour ce que nous pouvons leur apporter sur le plan personnel. Ceux qui prennent votre temps, votre énergie et vos émotions sans jamais rien offrir sont toxiques. Ce sont des personnes qui finiront malheureuses et seules. Si c'est dans votre nature de donner et de faire progresser les gens, vous serez automatiquement une personne appréciée. Ne donnez jamais en espérant obtenir quelque chose en retour, donnez uniquement quand vous sentez que le résultat obtenu vous servira à vous développer vous-même. Le reste ne sera qu'une conséquence de votre attitude constructive.

Apprendre à mettre la configuration et la logistique de son côté

Lorsque vous tentez une approche de séduction, vous devez prendre conscience de votre environnement. Cela vous servira à optimiser votre approche et parfois à éviter des erreurs qui vont feront échouer. Soyez vigilant à deux aspects fondamentaux de l'environnement : la configuration et la logistique.

La configuration a trait à la situation pendant votre rapport de séduction. C'est la manière dont est configuré le lieu (bar bondé, rue très passante, salle d'attente où personne n'ose éternuer…), le temps (en pleine journée, en soirée, sous un soleil d'été ou une tempête d'hiver…) et les gens (votre cible doit rejoindre quelqu'un, elle est accompagnée de sa meilleure amie ou de sa mère…). Lors de votre approche vous devez rapidement cerner la configuration pour éviter de commettre une erreur qui vous serait fatale. Si, par exemple, elle semble rejoindre une personne, vous devez lui faire comprendre que vous n'allez pas vous imposer plus de deux minutes car vous aussi êtes pressé. Si elle s'apprête à traverser la rue, attendez qu'elle ait fini pour l'aborder. Si elle entre dans un magasin, abordez-la avant ou après, mais ne rentrez pas dans le magasin pour l'aborder, c'est beaucoup trop intrusif. Si vous l'abordez dans une rue très passante, invitez-la dans les premières secondes à vous mettre de côté pour éviter d'être gênés par la foule. La configuration est donc un ensemble d'éléments de l'environnement que vous ne pouvez pas maîtriser mais seulement optimiser. Vous devez faire avec et faire au mieux.

La logistique a trait aux outils à votre disposition pendant votre rapport de séduction. Lors d'un rendez-vous par exemple, vous devez vous assurer de choisir un bar où elle sera à l'aise et où vous pourrez vous mettre côte à côte. Le fait d'avoir à disposition un lieu pour passer la nuit ensemble est un élément peut-être important à prévoir. Si vous pouvez éviter l'hôtel, c'est toujours préférable (et pas seulement financièrement). Le fait d'avoir facilement accès à vos préservatifs dans votre chambre fait également partie de la logistique. Cela évite de casser le rapport en allant dans votre salle de bains pour revenir ensuite. Vous l'aurez compris, la logistique, c'est l'ensemble des outils que vous avez à votre disposition pour optimiser les moments passés avec une femme. C'est à vous d'organiser et d'affiner cette logistique contrairement à l'environnement qui est, par définition, difficilement maîtrisable. La logistique doit être sous votre contrôle, c'est vous qui organisez votre rendez-vous, les activités que vous allez faire et comment initier un rapport intime.

Comprendre les signaux que vous envoient les femmes

C'est un fait, en séduction les femmes usent de nombreuses subtilités pour communiquer leur intérêt ou leur désintérêt envers les hommes. Là où les hommes communiquent verbalement, les femmes envoient des signaux. Ainsi, elles ne vous diront pas franchement qu'elles sont attirées par vous ou qu'elles vous désirent sexuellement. Certainement pour ne pas passer pour des filles faciles... Et dans 80 % des cas, ce sont les hommes qui doivent faire les démarches d'approche. Vous devez donc être capable de reconnaître ces signaux pour pouvoir avancer dans votre démarche de séduction. Mais ne vous limitez pas non plus à ces signaux. Si une femme ne vous en envoie pas, il est tout de même possible de tenter une approche et de réussir à la séduire. Pour vous permettre de bien cerner ces signaux nous les regrouperons dans deux catégories : les indicateurs et les déclarations.

Invitation à l'approche

Une femme qui vous remarque dans un bar ou dans la rue pourra vous envoyer des signaux pour vous faire comprendre qu'elle souhaite entrer en contact avec vous. On appelle cela une invitation à l'approche et cela a lieu bien plus souvent que vous ne le pensez. Il suffit que vous travailliez votre sens de l'observation pour détecter ces signaux.

Parmi les indicateurs d'une invitation à l'approche vous pourrez retrouver quelques-uns de ces exemples :

- Elle se positionne vers vous.
- Elle vous regarde.
- Elle vous sourit.
- Elle vous montre discrètement à ses amies.
- Elle s'approche de vous.
- Elle tente d'établir un contact.

Il est plus rare qu'elle rentre directement en contact avec vous. Si cela se présente, voici quelques déclarations types que vous pourrez retrouver :

- « Bonsoir, vous connaissez des endroits sympas pour sortir ? »
- « Excusez-moi, vous êtes seul ? »
- « Bonsoir, on allait prendre un verre dans ce bar, ça vous dirait de venir nous rejoindre ? »
- « Bonjour, je cherche la rue ***, vous connaissez ? »
- « Bonjour, on ne s'est pas déjà vus quelque part ? »

Intérêt

Une fois le rapport engagé, vous allez continuer la dynamique dans le but de la séduire. Si vous vous y prenez bien, cette femme vous enverra alors des signes d'intérêt qui montreront qu'elle n'est pas indifférente à votre charme. C'est une manière de vous encourager à continuer et à vous faire comprendre qu'elle est clairement intéressée. Il y aura là aussi des indicateurs plus ou moins forts voire des déclarations verbales.

Parmi les indicateurs d'intérêt qu'une femme pourra vous envoyer, voici quelques exemples :

- Elle remplit les blancs d'une conversation.
- Elle se touche les cheveux.
- Elle se pince les lèvres.
- Elle apprécie le contact.
- Elle rit beaucoup (même quand ce n'est pas drôle).
- Elle se colle à vous.
- Elle regarde vos lèvres.

Si elle assume plus, elle pourra aussi vous faire quelques déclarations d'intérêt comme ces quelques exemples :

- « J'aime ton style. »
- « Tu es charmant. »
- « Tu me fais rire. »
- « Je me sens bien avec toi. »
- « On se revoit quand ? »

Désintérêt

Ces signaux existent aussi pour communiquer un désintérêt. Tout comme une femme fera le maximum pour vous faire comprendre son intérêt, elle ne se gênera pas pour vous montrer qu'elle n'est pas intéressée. Vous devez prendre conscience de ces signaux pour corriger le tir avant qu'il ne soit trop tard. Soyez cependant conscient qu'à ce stade, il y a peu de chances pour que vous puissiez inverser la tendance. Cela vous permettra néanmoins de ne pas insister et de perdre du temps avec une femme qui n'est pas intéressée.

Voici quelques indicateurs qui vous prouveront son désintérêt :

- Elle vous évite constamment.
- Elle se moque de vous.
- Elle ne vous répond pas.
- Elle vous regarde avec mépris.
- Elle privilégie un autre.

Si elle décide de ne pas prendre des pincettes, elle pourra aussi faire des déclarations de désintérêt plus moins directes dans ce genre :

- « Je ne suis pas intéressée. »
- « Désolée mais je suis pressée. »
- « J'ai un copain et je suis heureuse avec lui. »
- « Vous n'êtes pas vraiment mon genre. »
- « Non merci. »

Il existe aussi un genre de fausse déclaration d'intérêt qui exprime un vrai désintérêt comme pour ces exemples :

- « Je t'adore ! Tu es trop gentil. »
- « Je te respecte beaucoup. »
- « Tu es comme mon meilleur ami. »
- « T'es trop sympa. »
- « Je t'apprécie énormément. »

Généralement ces phrases finissent par un « ... mais nous devrions rester amis », ce qui montre que votre tentative de séduction a échoué.

L'art du rapport assumé

Le rapport assumé, c'est l'attitude qui consiste à affirmer votre démarche de séduction auprès d'une femme. Cette démarche est à l'opposé de celle qui consiste à utiliser un prétexte pour aborder une femme et dont on est parfois incapable de sortir (demander du feu par exemple). Elle permet d'aller droit au but et de savoir ce qu'il en est très rapidement. Cette attitude permet de s'affirmer comme un homme sexué et ainsi d'éviter les rapports où vous finissez par être le meilleur ami et pas l'amant.

Lors d'une phase d'approche, cela consiste à communiquer votre intérêt. Il ne s'agit pas non plus de lui dire qu'elle vous excite ou que vous la trouvez sexy ce qui serait trop direct et peu efficace. Cela consiste à lui dire qu'elle vous plaît et c'est pour cela que vous vous êtes permis de lui parler. Et lors d'un rendez-vous, cela permet de réaffirmer le but de votre rencontre. Si vous l'invitez à boire un verre c'est parce qu'elle vous plaît et que vous lui plaisez. Si elle tente de vous tester sur vos projets la concernant, répondez clairement ou jouez avec. En aucun cas vous ne devez revenir en arrière ou lui dire que vous envisagez simplement une relation d'amitié. Si elle vous le propose, ne perdez pas votre temps : il vaut mieux refuser une relation d'amitié avec une femme qui vous plaît vraiment. Vous ne ferez jamais évoluer la situation et vous n'affirmerez pas un caractère séduisant. Séduisez-la ou passez à autre chose sinon vous souffrirez de cette situation floue.

Le rapport assumé vous permet aussi d'ancrer l'aspect séduisant dans votre personnalité. Un homme qui assume ses envies et ses désirs avec tact est un homme séduisant. Cette manière d'être exprime une certaine confiance en soi : vous savez que vous ne pouvez pas plaire à tout le monde et vous l'assumez également. Ne pensez pas non plus que le rapport assumé est LA réponse à toutes vos problématiques de séduction. C'est simplement une attitude claire vis-à-vis des rapports que vous souhaitez avoir avec une femme. Cela ne suffit pas à séduire une femme. Vous validez seulement la première étape qui consiste à définir le rapport potentiel que vous pourrez avoir avec une femme si vous réussissez à la séduire. L'art du rapport assumé est donc à utiliser dans chacune des étapes de l'interaction qui mèneront au succès de votre démarche de séduction.

La règle du 90/10

Pendant les premières minutes qui suivent une rencontre vous allez mener l'interaction à 90 %. La femme que vous aborderez va d'abord se laisser guider pour vous évaluer. C'est un réflexe plus ou moins conscient qui lui permettra de faire le tri. Plus la fille aura une haute valeur sociale, plus ces premières minutes seront cruciales. Pendant ce début d'interaction, vous allez devoir parler, proposer des choses à faire, lui apporter un moment agréable, prendre de la place et communiquer une image séduisante. Dites-vous bien qu'au début elle ne fournira que 10 % de l'interaction. La femme que vous aborderez testera la température quelques minutes pour savoir si vous êtes capable de vous différencier des hommes qui l'abordent généralement.

Une fille de haute valeur (belle et consciente de l'être) n'investira jamais plus au début d'une interaction et c'est un non-sens d'exiger d'elle autre chose. N'espérez pas qu'elle parle beaucoup, qu'elle réponde longuement à vos questions ou qu'elle propose quoi que ce soit pour continuer l'interaction. Même si elle est potentiellement intéressée, vous devez passer ce test qui relève du réflexe social lui permettant d'écrémer ses relations. Partez plutôt du principe que vous devez lui apporter quelque chose pour qu'elle décide ensuite d'investir dans l'interaction. Une femme s'engagera rarement au début à moins qu'elle soit particulièrement sociable ou très attirée.

Le mot d'ordre est donc : parler, parler et parler. Vous devez être prêt à devoir mener le rapport. Vous devez être à l'aise avec cette idée dans les différentes phases de l'interaction. Cela est valable au moment où, après avoir conquis le groupe, vous isolez la femme et lui parlez pour la première fois seul à seul. C'est également valable au moment où vous la revoyez les premières fois ou encore lorsqu'il y a un blanc dans la conversation et que vous ne savez pas le gérer. Vous devez être proactif.

Comment séduire avec un coéquipier ?

Le *wingman* est le terme que nous utilisons pour désigner l'acolyte qui vous accompagnera dans vos démarches de séduction. C'est idéalement un bon ami que vous connaissez bien et qui est à l'aise dans ses rapports avec les autres. C'est celui qui vous donnera le champ libre pour séduire la femme que vous souhaitez dans un groupe pendant qu'il s'occupera à séduire sa meilleure amie ou à sympathiser avec vos concurrents. Vous devez avoir un niveau plutôt proche en matière de séduction pour que vous puissiez vous booster et progresser ensemble. S'il existe un trop gros fossé entre vous, vous pourrez alors perdre de la valeur sociale et votre groupe sera vu comme peu intéressant. Pour réussir à séduire efficacement sans vous marcher dessus, nous avons établi quelques règles. Ces règles permettent d'instaurer un cadre sain où le fait de séduire à plusieurs permet de multiplier vos résultats et pas à vous concurrencer.

1. Ne vous boycottez pas

Votre coéquipier forme avec vous une équipe solide dont le but est de favoriser des rencontres en groupe. En aucun cas vous ne pouvez aller à l'encontre de votre *wingman*. Que ce soit en allant à l'encontre de ses propositions, de ses dires ou encore en le rabaissant vous ne ferez que vous tirer une balle dans le pied. Vous le faites une fois, vous êtes mort. Cela étant dit, on fait tous des erreurs et dans ce cas vous devez avoir l'honnêteté de le reconnaître pour pouvoir avancer. Si vous êtes totalement débutant vous pouvez observer de loin une ou deux fois pour comprendre comment cela fonctionne, mais lancez-vous dès que possible. Si vous désirez séduire seul et sans votre *wingman* dans un cas particulier, dites-le. Personne ne viendra vous embêter et les autres resteront à distance respectueuse.

2. Ne parlez pas de drague en public

Il n'y a rien de plus lourd que des hommes qui parlent sans cesse de techniques de drague en public. D'une part cela donne l'impression que vous ne pensez qu'à ça et d'autre part cela peut mettre trop de pression sur votre coéquipier. On ne parle pas de techniques de séduction à tout bout de champ sauf si vous êtes en train de débriefer sur la journée ou de discuter d'une approche particulière dans un cas qui se présente. En dehors de ces situations, vous devez parler de sujets intéressants et constructifs qui vous permettront d'alimenter une conversation de groupe lors de votre prochaine approche. Vous habituer à aborder de nombreux sujets de conversation vous permettra également de rebondir dans toute situation et d'éviter ainsi certains blancs qui pourraient vous être fatals.

3. Débriefez souvent au calme

Soyez prêt à débriefer souvent mais surtout au calme et pas à deux mètres des femmes que vous venez d'approcher. Vous êtes censé être un groupe d'amis tout simplement. Installez-vous dans un coin tranquille et discutez calmement des choses que vous pouvez améliorer. On apprend et on s'améliore en temps réel, alors n'accumulez pas les échecs sans les étudier aussitôt. Le fait d'être accompagné d'un *wingman* vous permettra aussi de voir des erreurs dont vous n'avez pas forcement conscience comme votre langage corporel ou des attitudes qui pourraient vous échapper. Pour cela vous devez être sûr de la qualité de votre coéquipier. Il ne doit pas être en compétition avec vous, il ne doit pas vous jalouser, il doit tout faire pour que vous progressiez.

Faire progresser son coéquipier c'est aussi le meilleur moyen de progresser soi-même.

4. Celui qui aborde le groupe en a la responsabilité
C'est une règle primordiale que vous devez respecter. Celui qui aborde le groupe aura automatiquement la main mise sur ce dernier. Il pourra choisir sa cible, il pourra décider de déplacer le groupe dans le lieu de son choix ou encore il pourra proposer une activité particulière. Cette règle permet de fixer un cadre strict et de définir le leader d'une interaction. Si une fille vous plaît dans un groupe, vous devez aborder le groupe pour pouvoir l'atteindre et avoir le champ libre. Sachez aussi passer votre tour quand vous vous apercevez que votre cible préfère votre *wingman*. Vous devez agir de façon honnête pour faire avancer la dynamique. Si vous vous battez tous les deux pour obtenir l'attention de la fille sexy du groupe, vous aller casser toute la dynamique et perdre le groupe entier. Enfin, si votre coéquipier aborde un groupe seul et qu'il ne vous a pas invité à le rejoindre, vous devez rester à une distance confortable pour ne pas perturber le bon déroulement de la dynamique. L'idéal est de mettre au point un code entre vous pour comprendre facilement quand votre *wingman* vous invite à le rejoindre. Cela peut être par exemple le fait de mettre sa main droite dans sa poche arrière de pantalon. Vous devez établir votre propre code pour agir efficacement à chaque étape de l'interaction d'une manière naturelle.

5. Instaurez une ligne directrice
Maintenez une logique dans votre groupe, n'allez pas à l'encontre de votre *wingman* et évitez de mentir si vous n'avez pas prévenu votre collègue. Mettez-vous d'accord sur les sujets que vous voulez éviter. Vous devez aussi prendre conscience de vos limites logistiques et faire en sorte d'agir en ce sens. Par exemple si vous n'avez pas un appartement suffisamment grand pour inviter tout le groupe à vous rejoindre pour un apéritif, deux solutions s'offrent à vous : soit vous les incitez à organiser cet

événement chez eux, soit vous réussissez à séparer le groupe en invitant uniquement les femmes qui vous intéressent, vous et votre coéquipier. Quoi qu'il arrive vous devez toujours avoir un plan d'action en tête et agir en conséquence. Le hasard ne vous donnera que très rarement satisfaction, vous devez encourager le cours des événements.

6. Soyez patients

Vos résultats ne seront pas immédiats et vous devrez passer par plusieurs étapes de débriefing et de remise en question avant de récolter le fruit de votre travail. Le fait d'apprendre à connaître votre *wingman* est une étape importante qui vous demandera du temps. En effet, même s'il est un ami de longue date vous devrez apprendre à le connaître sous un nouvel angle, celui de la séduction et des dynamiques sociales. Vous devez aussi savoir le stimuler quand il perdra de sa motivation ou de sa confiance. Avoir un *wingman* de qualité est un privilège qui demande un investissement important en temps et en énergie. Vous devez d'abord créer une véritable relation de confiance et de complicité avant de pouvoir créer d'excellentes dynamiques avec des inconnues. Les gens sentiront alors ce lien spécifique qui vous unit et seront attirés par l'énergie que pourra dégager votre groupe. Soyez attirants par la nature de votre lien au lieu de construire à court terme l'illusion de ce dernier quand les fondations n'y sont pas.

7. Ne soyez pas jaloux du résultat des autres

C'est la meilleure manière de ne pas progresser et de pourrir la relation de confiance que vous pourrez avoir. Quand votre *wingman* réussit, vous devez l'observer et comprendre ce qui a fonctionné pour lui. Sachez que vous apprendrez davantage dans ces situations délicates que lorsque vous réussissez sans difficulté (ce qui est aussi une bonne chose). En instaurant une dynamique de compétition vous vous limiterez vous-même puisque vous retournerez contre vous une personne qui jusque-là vous permettait de progresser. Prenez conscience qu'il est impossible de réussir à tous les coups et qu'il existe de nombreux facteurs qui vous limiteront dans vos approches de séduction. Parfois vous serez le seul à conclure avec une femme et ce sera à vous de prendre le temps d'analyser la situation pour donner le meilleur retour à votre coéquipier et le faire avancer. N'ayez jamais de pitié l'un pour l'autre, vous êtes des hommes, soyez plutôt constructifs et stimulants. Dans le premier cas vous stagnez, dans le second vous avancez.

8. Restez toujours de bonne humeur

Il n'y a rien de pire qu'un *wingman* qui pompe votre énergie avec un comportement défaitiste et négatif. Vous passerez les pires soirées en compagnie de ce genre de personne. Vous serez aussi assuré de ne jamais réussir dans vos démarches de séduction. Si cette attitude se reproduit fréquemment vous devez expliquer que vous ne tolérerez plus cela dans le futur. Si son comportement reste inchangé, inutile de poursuivre avec lui. D'une manière générale écartez les gens qui pourrissent votre bien-être. Et promettez-vous de ne pas infliger ce genre de comportements à votre propre *wingman*. Si vous n'êtes pas de bonne humeur et si vous n'avez pas envie de sortir, faites-le comprendre poliment à votre coéquipier et restez tranquillement chez vous. C'est le meilleur service que vous pourrez lui rendre. Enfin, ne vous servez pas de cette excuse pour ne pas pratiquer. Apprenez à vous mettre de bonne humeur et à comprendre qu'il faut profiter de chaque instant que la vie vous offre. Nous pouvons tous souffrir d'une baisse d'énergie à un moment ou à un autre. Ce n'est que passager, faites en sorte d'être le meilleur *wingman* possible le lendemain.

9. Pas de comportement haineux ou victorieux en présence des femmes

Vous êtes censés être un groupe d'amis qui sortent et parlent aux gens car vous êtes sociables. De ce fait vous ne pouvez pas agir comme des adolescents attardés lorsque vous essuyez un refus ou lorsque vous obtenez les coordonnées d'une personne. Séduire une femme dans un groupe d'inconnus que vous abordez dans la rue doit être pour vous quelque chose de normal. Agissez de la sorte en leur présence. Vous aurez tout le temps de fêter ça le lendemain entre vous. Le fait de montrer une trop vive émotion prouve qu'avoir du succès avec les femmes ne fait pas partie de votre réalité. Pour ce qui est de la réaction haineuse, elle est tout simplement à proscrire. Aucune femme n'est obligée de se laisser séduire. Mais si une femme ou un homme agit de manière clairement insultante à votre égard et ce de manière injustifiée, dans ce cas uniquement, il vous sera permis de remettre les points sur les « i ».

10. Votre priorité, c'est votre *wingman*

Nous concluons ce code de conduite avec la règle la plus importante : votre priorité c'est votre *wingman*. C'est avec lui que vous avez vécu des moments forts, c'est aussi grâce à lui que vous progressez et c'est donc lui que vous devez privilégier quoi qu'il arrive. Vous ne devez pas l'ignorer à la première occasion venue. Le fait que vous abordiez de belles femmes ne doit pas justifier d'ignorer sa présence ou d'aller clairement à son encontre. De plus cela montrerait aux femmes abordées que vous êtes prêts à ignorer un ami pour des inconnues... C'est la pire manière d'agir. Vous obtiendrez le mépris de ce groupe et vous aurez des explications à donner à votre *wingman*. Vous l'aurez compris, vous n'aurez rien à gagner à agir ainsi. Le fait de privilégier et de mettre en avant votre *wingman* face à un groupe montrera que vous avez de l'estime pour les autres et que vous n'êtes pas prêt à tout pour vous mettre en avant. Cela démontre une grande maturité dans les rapports et une excellente confiance en soi. Vous serez donc de cette manière plus constructif avec votre coéquipier et plus séduisant pour le groupe.

Afin d'instaurer la meilleure relation possible avec votre *wingman* et ainsi progresser de manière efficace, vous devez tous deux connaître ces règles et les appliquer. Lorsque vous ou votre coéquipier rencontrez un écueil, prenez le temps de comprendre et de corriger le tir. Ces règles vous permettront d'éviter des situations fâcheuses qui vous limiteront dans vos rapports avec les autres. En appliquant ces dix règles, vous serez assuré de contourner 90 % des situations négatives les plus fréquentes. Après une bonne dose de pratique, vous pourrez ensuite apporter votre touche en rajoutant des règles ou en modifiant ces dernières pour les adapter le plus possible à votre personnalité et à vos objectifs.

Comment aborder une femme en toute situation ?

Point de vue du coach : 20 erreurs à ne pas faire

Ce guide regroupe les erreurs les plus communes que fait un homme quand il aborde une femme. Ces points sont le fruit de plusieurs années d'expérience dans le domaine du coaching en séduction. Ce sont les erreurs que nous avons commises et les erreurs que nos élèves commettent à leur tour dans nos ateliers. Le but ici est de vous proposer un condensé pratique directement applicable dans la réalité.

Ces règles ne vous permettront pas de réussir à tous les coups. Il existe beaucoup d'autres points essentiels dans une interaction que nous étudions tout au long de cet ouvrage. Nous vous invitons donc à adapter ces conseils en fonction de votre personnalité, de vos objectifs et des autres concepts que vous devez travailler en priorité.

1. Ne pas aborder

Question : qu'est ce qui vous empêche d'aborder une femme ?

Réponse : 5 mètres, parfois moins.

Le constat est là : les hommes ont peur d'aborder les femmes et quand ils le font, ils le font mal. L'important est de s'habituer à parler aux inconnu(e)s d'une manière naturelle et décontractée et non comme un mendiant/prospecteur/dangereux (certains y arrivent très bien).

Rassurez-vous, il ne s'agit pas de se lancer sans armes sur un champ de bataille : aborder n'a rien de dérangeant si c'est bien fait. Cela fonctionne plus que l'on voudrait bien le faire croire. Ce n'est ni mal élevé ni impoli. Seuls 10 % d'une interaction sont imprévisibles (cette femme ne parle que le cambodgien, explosion de téléphone portable, un pot de fleur tombe et vous assomme…), pour le reste nous vous donnons tout au long de ce livre les clés pour réussir.

2. Aborder par-derrière

Vous la croisez, elle vous plaît, vous échangez un regard, mais vous n'avez pas eu le temps de réagir ? Revenez en arrière mais ne l'abordez jamais de dos.

Qui aborde par-derrière ? Les traîtres, les assassins, les agresseurs, les mendiants, bref pas vous. Elle risquerait d'avoir peur. N'ignorez jamais ce détail (qui n'en est pas un). Revenez sur vos pas (ne courez pas !) et mettez-vous à son niveau. Abordez-la de côté, d'une manière détendue et surtout pas comme si vous veniez de courir un marathon.

3. La poursuivre

Ce point aurait pu être placé en premier, tant c'est un fondamental : quand vous abordez une personne, arrêtez-vous, toujours. Ne vous penchez pas vers elle et ne modifiez pas votre langage corporel si elle commence à partir (la plupart du temps, ceci se révélera être un test plus ou moins conscient du style « Va-t-il me suivre si je pars ? Non ? Il a l'air normal, et si je lui donnais 3 minutes ? »).

Ne la poursuivez jamais si elle ne s'arrête pas et/ou qu'elle vous ignore. Aimeriez-vous être poursuivi par un inconnu ? Alors ne le faites pas. C'est de plus très intrusif et cela sera vécu comme une agression. Et n'oubliez pas de sourire, vous êtes là pour le plaisir, non ?

4. Être insistant (et lourd par la même occasion)

Insistant. Il n'y a rien de plus pénible qu'une personne insistante. Les femmes n'aiment pas les pots de colle, et ce n'est pas parce que vous avez pris votre courage à deux mains qu'elle a l'obligation de vous écouter. Si elle passe à côté de vous sans vous regarder, c'est qu'elle n'est pas intéressée (ni très polie).

Lourd. Siffler les femmes ne marche toujours pas, sortir en groupe de quinze dans la rue non plus, et enfin le célèbre « Ton père est un voleur, il a piqué toutes les étoiles du ciel pour les mettre dans tes yeux » est toujours obsolète. Sachez également vous retirer/attendre quand la situation ne s'y prête pas (quand elle est au téléphone, quand elle se dispute avec sa meilleure amie…), agissez avec discernement.

5. Réciter un texte par cœur

C'est la recette miracle pour passer pour l'homme le plus bizarre de l'année. Réciter sans talent (il faut vous l'avouer) des phrases toutes faites en pensant appliquer une formule magique est une idée à proscrire.

Résultat : elle vous regarde (ou pas, d'ailleurs) les yeux écarquillés en priant pour que cette situation s'éclipse aussi vite qu'elle est arrivée. Chaque situation, chaque personne, chaque instant est différent : il n'existe pas de phrase universelle qui fera mouche. Inutile de lui demander quel serait le meilleur cadeau pour votre petite sœur, si vous n'avez pas de sœur ! Pourquoi ne pas essayer de lui dire qu'elle a un style qui sort un peu du commun et que vous espérez bien qu'elle n'ait pas que ça pour elle… et que vous feriez mieux de vérifier tout ça dans la semaine, autour d'un café ?

6. Parler trop vite, trop fort ou trop…

Imaginez-vous dans cette situation : vous êtes dans un bon restaurant, la lumière est tamisée, la musique douce et entraînante, l'atmosphère envoûtante, bref, vous passez un très agréable moment. Une femme sublime vous lance un regard profond : elle vous sourit subtilement et s'approche de vous d'une manière élégante et décontractée. Et là c'est le désastre… elle bafouille, parle trop vite, trop fort et finit par être incompréhensible. Le très attendu champagne millésimé se transforme en un vulgaire mousseux.

Vous n'avez pas envie de vivre la même chose ? Celle que vous aborderez non plus.

La clé dans une prise de parole est la respiration. Inspirez toujours avant de prendre la parole, exprimez-vous clairement et calmement en expirant depuis votre cage thoracique, le son ne doit jamais venir de votre gorge, mais de votre corps. Pensez-y : les personnes timides ont toujours de petites voix, et ce n'est pas parce qu'elles ont une malformation des cordes vocales, elles n'osent tout simplement pas projeter leur voix. Ne soyez pas pressé, vous gagnerez des points.

Sachez également prendre des pauses : contrairement à ce que l'on pourrait penser, les silences (si maîtrisés) dans une conversation accentuent certaines de vos idées et rajoute du piment à la situation. Et enfin, ne parlez jamais pour ne rien dire ou pour combler un vide, cela vous desservira toujours. Desproges n'avait-il pas raison d'affirmer qu'il vaut mieux se taire et passer pour un con plutôt que de parler et ne laisser aucun doute à ce sujet ?

7. Ne pas assumer

Soyons clairs : vous êtes venu la séduire. Vous cherchez à obtenir son numéro de téléphone, la revoir et plus si affinités. Et alors ? Elle vous plaît, assumez-le. Ne vous excusez jamais d'avoir eu l'audace de l'aborder. Regardez-la dans les yeux et n'ayez pas peur d'être franc avec elle : une femme détectera très vite ce qui sonne faux. Ne vous cachez pas derrière un personnage en essayant de l'impressionner, c'est lourd, vieux jeu et cela n'a jamais marché. Votre démarche est déjà impressionnante, surtout si vous le faites bien.

8. Être intrusif

Lorsque vous abordez une femme, vous devez respecter une règle simple : n'entrez jamais dans sa sphère d'intimité sans y être invité ! Elle se sentira automatiquement en danger, fera quelques pas en arrière dans le meilleur des cas ou s'extirpera tout simplement de la situation en vous ignorant ou en coupant court à votre tentative d'approche.

Dans un contexte social, on distingue trois grandes sphères de rapprochement :

La sphère sociale est la distance de politesse que vous respectez lorsque vous rencontrez une personne ou lorsque vous discutez avec quelqu'un que vous connaissez peu. Généralement, un mètre de distance vous sépare. C'est une façon inconsciente d'imposer une distance pour ne pas paraître intrusif ou agressif de prime abord.

La sphère affective est la distance rapprochée que vous avez avec vos amis ou votre famille. Lorsque vous prenez par l'épaule votre meilleur ami ou lorsque vous faites une bise à votre oncle.

La sphère intime c'est la non-distance que vous avez avec votre copine ou avec une femme lorsque vous êtes dans une phase de séduction avancée. C'est la sphère qui vous permet de parler à l'oreille de votre conquête, celle qui vous permet de la caresser, de la serrer dans vos bras et de l'embrasser. C'est une sphère où peu de gens sont invités.

Vous l'aurez donc compris, il existe différents degrés de rapprochement selon la nature de vos rapports avec les autres. Entrer dans une sphère d'intimité lorsque vous abordez une inconnue est beaucoup trop intrusif et sera vécu comme une véritable agression. N'oubliez pas que votre démarche est par nature suffisamment impressionnante : les femmes sont rarement bien abordées dans la rue, inutile d'en rajouter. Vous devez attendre de la revoir ou enchaîner une longue discussion dans un contexte particulier pour pouvoir entrer dans cette sphère intime.

9. Prendre son numéro sans donner le vôtre

Une femme qui refuse de laisser son numéro, sous prétexte qu'elle préfère prendre le vôtre, ne vous rappellera pas. C'est une formule de politesse qui signifie également que vous n'avez pas été suffisamment efficace sur le moment.

Lorsqu'une femme accepte de vous donner son numéro de téléphone vous devez en profiter pour la biper et ainsi donner le vôtre. Le but est de lui faire comprendre que vous partez sur la base d'un échange plutôt que de simplement prendre son numéro comme si vous faisiez les courses. Vous devez donc orienter votre demande en ce sens : « On devrait échanger nos numéros et se revoir autour d'un café cette semaine, ça pourrait être agréable » plutôt que « Je vais prendre ton numéro et je te rappellerai cette semaine pour qu'on aille boire un café ». Ainsi, vous communiquez clairement sur une notion d'échange qui fera partie des prémices nécessaires pour envisager une relation, peu importe sa nature.

Cette manière de faire aura aussi l'avantage de sonder le niveau d'intérêt que cette femme peut vous porter. En effet, si elle vous envoie un texto pour vous dire qu'elle a apprécié cette rencontre ou, mieux, si elle vous rappelle avant que vous ne le fassiez, cela indique clairement qu'elle est intéressée. Vous serez donc presque assuré de la revoir.

Le seul inconvénient que comporte cette méthode c'est quelle fonctionne dans les deux sens : si la fille est intéressée, elle pourra facilement entrer en contact avec vous. Mais dans le cas contraire, elle pourra très facilement filtrer vos appels. C'est finalement un mal pour un bien : cela vous évitera de perdre du temps avec une femme qui, de toute façon, ne s'investira pas pour vous.

Que faut-il faire quand une femme hésite à vous donner son numéro de téléphone ?

Il faut prendre en compte deux possibilités :

Soit elle n'est pas vraiment intéressée et souhaite vous faire comprendre qu'elle est gênée de refuser votre proposition. Dans ce cas il n'y a rien à faire à part lui souhaiter une bonne journée.

Soit elle est intéressée mais elle n'est pas habituée à ce genre de rencontre. Par son hésitation elle vous fait comprendre qu'elle a besoin d'être rassurée sur le fait que vous êtes un homme équilibré à qui elle peut faire confiance et donner une chance. Dans ce cas voici un exemple d'attitude qui pourra être payante le moment venu.

Elle : « Je ne donne jamais mon numéro de téléphone à un inconnu, donne-moi plutôt le tien. »

Vous *(souriez)* : « C'est mignon. Tu sais je trouve que c'est tellement plus naturel de faire une rencontre imprévue, comme ça dans la rue, plutôt que dans un bar ou dans une boîte de nuit où tout le monde joue un rôle… Alors que là, je t'ai vue et ça m'a paru normal de faire connaissance d'une manière spontanée. Tu ne crois pas que c'est plus vrai ? »

En fonction de sa réponse vous aurez forcément une orientation sur son choix définitif.

Et Facebook dans tout ça ?

Même si nous partons du principe qu'une femme intéressée vous donnera son numéro de téléphone, il est parfois possible qu'elle vous propose plutôt d'entrer en contact sur Facebook. S'ajouter en tant qu'amis sur Facebook est une nouvelle façon de filtrer les potentiels prétendants. Sur Facebook vous pouvez très rapidement vous faire une première idée de sa personnalité grâce à ses goûts, ses fréquentations, ses sorties, ses écrits… C'est une arme à double tranchant : soit tout penche en votre faveur et avec un peu d'insistance vous réussirez à obtenir son numéro puis un rendez-vous. Soit elle ne prendra pas la peine de prendre de vos nouvelles et vous ferez partie de ces centaines « d'amis » virtuels. L'avantage dans ce dernier cas c'est que vous pouvez tenter de la faire entrer dans votre cercle de connaissances en jouant la carte de l'amitié pour faire de nouvelles rencontres via son réseau à elle. Ainsi, lorsque vous organiserez des soirées, vous aurez une liste d'invités grandissante. Pratique, non ?

10. Ne pas accepter le refus

Ça n'a pas marché ? Bonne nouvelle, toutes les études sont unanimes : il n'y a pas qu'une femme sur terre.

Si une femme ne souhaite pas vous connaître, ne le prenez pas trop personnellement. Votre manière de l'aborder était peut-être indélicate. Ou peut-être a-t-elle déjà quelqu'un dans sa vie, qu'elle a eu une mauvaise journée ou que vous ne lui plaisez pas physiquement. Quelles que soient ses raisons, souvenez-vous qu'elle ne peut pas vous connaître en 5 minutes. Elle ne connaît ni vos valeurs, ni votre mode de vie et encore moins les relations que vous entretenez avec les autres. Et sachez enfin qu'il est normal que certaines refusent : plaire à tout le monde serait plaire à n'importe qui.

11. Penser qu'il existe une formule magique

La formule magique en séduction, c'est de savoir qu'il n'y a pas de formule magique.

Beaucoup d'hommes rêvent de trouver des formules et des techniques infaillibles pour séduire n'importe quelle femme. Pourtant il suffit d'un minimum de pratique et de bon sens pour comprendre que les rapports hommes-femmes ainsi que les dynamiques sociales sont par définition volatils et incontrôlables.

Il est impossible d'avoir 100 % de contrôle sur une interaction ou sur un rapport humain. C'est la seule certitude que vous devez avoir.

Sur des sites ou dans certains livres, on vous conseillera parfois des « outils » pour approcher une femme. Ceux-ci, utilisés intelligemment, peuvent se révéler très intéressants. Néanmoins, ne voyez pas la phrase d'approche comme une formule magique. Elle n'est qu'un tremplin pour vous apprendre à aborder naturellement.

Au bout de quelque temps, vous devrez savoir vous détacher de ces phrases préconçues. Vous apprendrez qu'aborder selon votre environnement, votre humeur, et votre cible sera beaucoup plus intéressant que de réciter bêtement une phrase. De plus, donner de l'importance à la phrase d'approche serait donner beaucoup trop d'importance au texte. On ne vous le dira jamais trop : la communication non verbale joue un rôle important dans les interactions sociales.

12. Se démotiver rapidement

On voit apparaître depuis quelque temps des livres ou des articles du genre *Apprendre à nager en 4 heures*, *Devenir musclé en 31 jours*, *Devenir musicien en 1 semaine*, etc. Certes, vous pouvez réaliser une première bonne impulsion grâce à ce genre de méthode, mais le plus important c'est ce qui vient ensuite : la constance dans vos efforts et dans votre motivation.

Progresser demande nécessairement du temps même si nous ne sommes pas tous égaux. Certains progresseront plus vite que d'autres. L'important n'est pas le résultat symbolique comme obtenir un numéro ou embrasser une fille, l'important c'est la progression sur le long terme et le développement qu'on peut en retirer.

Quand on veut réussir dans un domaine, on y accorde du temps (beaucoup plus que 4 heures). Ayez la patience et l'humilité de passer par la case débutant. Avant de réussir, vous allez faire des erreurs, essuyer des échecs. À ce moment-là, il y aura deux façons de réagir : être frustré et abandonner ou bien regarder ces échecs comme une occasion de vous améliorer.

13. Penser pouvoir tout maîtriser

Voilà un fantasme assez courant que j'ai pu découvrir sur des sites de séduction : « Si je dis X avec une position Y, alors la fille va Z. » Nous sommes des êtres humains. De ce fait, les femmes que vous rencontrez ont une partie imprévisible et il faudra adapter constamment votre jeu à la partie. Vous ne pouvez pas maîtrisez parfaitement une interaction. Sachez-le : rien ne se maîtrise, tout s'optimise.

14. Se trouver une excuse

Rien ne vous empêchera d'aborder une femme, excepté vous. Bien qu'il puisse arriver un événement imprévu, vous avez la capacité de parler à une femme dans la rue. Chaque opportunité manquée est peut-être une belle rencontre qui n'aura pas lieu, une histoire qui ne se fera pas, des regrets qui ne vous feront pas avancer. Se trouver des excuses ce n'est pas se protéger, c'est tout simplement se mentir.

Intégrez ce réflexe : à partir du moment où vous vous posez la question « dois-je aller lui parler ? », répondez par oui. Même si vous ne savez pas quoi lui dire, allez-y et dites-lui : « J'avais tellement envie de te parler que je suis là, mais je ne sais pas quoi te dire », avec un sourire et un changement de sujet direct. Le tout passera très bien sur fond de naturel. Et si cela ne fonctionne pas, vous profiterez au moins de l'agréable sensation d'avoir fait le maximum.

15. Se prendre trop au sérieux

Arrêtez d'être trop sérieux, calculateur, réfléchi : ce n'est pas attirant, et ça vous fera même passer pour un homme bizarre, ce que les femmes n'aiment pas. On a tendance à oublier que la séduction est avant tout un jeu. Un jeu qui répond toujours au même but : le plaisir, l'amusement et le désir. La séduction se doit d'être une activité plaisante. La rendre trop sérieuse en gâcherait véritablement la saveur.

Faire une rencontre, ce n'est pas comme passer un entretien d'embauche, vous devez sortir des sentiers battus, rentrer dans un registre émotionnel et éviter le factuel. Ne parlez pas trop boulot, routine et autres sujets que vous avez l'habitude de développer quand vous êtes avec vos collègues de travail.

Ayez l'esprit joueur. À ce propos, je vous encourage à (re)lire le chapitre « Comment développer un état d'esprit joueur ? » (voir page 35).

16. Rester dans le prétexte

Cette erreur est très fréquente lors de nos ateliers séduction. Nous proposons à nos élèves quelques thèmes pour briser la glace lorsqu'ils se lancent pour la première fois sur le terrain. C'est un moyen efficace pour les rassurer et leur faire prendre conscience, par la suite, que le prétexte importe peu. Utiliser un prétexte pour aborder une inconnue peut être utile pour se lancer quand on ne sait pas vraiment quoi dire.

Le prétexte sert d'ouverture, les réponses ne vous intéressent donc pas, le but est de rebondir dès que possible pour sortir du prétexte et entamer une vraie conversation. Vous pouvez par exemple utiliser un classique : « Et sinon, tu es du coin / du quartier ? », ou sur un ton plus joueur et provocant : « Je suis sûr que tu essaies de m'égarer, en fait derrière ton air mignon tu es une petite méchante. »

Si vous ne sortez pas du prétexte, vous n'entrerez pas dans une dynamique de séduction, vous serez simplement identifié comme un demandeur de chemin quelconque et ce n'est pas le but de votre démarche, n'est-ce pas ?

17. Ignorer les éléments extérieurs

Lorsque vous abordez une femme dans la rue vous devez prendre en compte les éléments extérieurs et plus précisément le facteur humain. Par exemple, il est inutile d'aborder une femme qui vient de se disputer sous vos yeux avec sa meilleure amie. Évitez aussi d'aborder une fille qui est au téléphone, à moins qu'elle vous envoie des signes clairs d'invitation à l'approche. En observant ce genre d'éléments vous réussirez à optimiser vos approches et vous vous éviterez de mauvaises surprises.

Soyez observateur lorsque vous êtes dans des groupes : qui est le leader du groupe ? Qui va vous aider dans votre interaction ? Qui va vous boycotter ? Qui est votre concurrent ? Quels sont les liens qui les unissent ? Avec quelques questions simples et un bon sens de l'observation vous pourrez rapidement répondre à ces questions ce qui vous permettra de progresser dans votre interaction.

Veillez à pas surinterpréter les choses : « Elle n'a pas l'air de bonne humeur, je n'y vais pas. » Certaines femmes qui paraissent fermées de prime abord peuvent être très ouvertes à la discussion et vice versa.

18. Aller à l'encontre de la logistique

Après le facteur humain, vous devez prendre en compte le facteur de la logistique. Avant de l'aborder, attendez par exemple qu'elle ait fini de passer son appel ou qu'elle soit sortie de la boutique. Cela peut sembler évident, mais dans le feu de l'action ou peut parfois oublier ces éléments.

Pour vous éviter ce genre de mésaventures, vous devez aborder rapidement une femme que vous croisez, pour que le rapport reste naturel et pour réduire les risques que de multiples facteurs vous compliquent la tâche : sa meilleure amie arrive, sa mère est de retour, son téléphone sonne, elle appelle un taxi…

19. S'enfuir après avoir échangé les numéros

C'est une erreur importante que beaucoup d'élèves d'ateliers commettent. En effet après avoir réussi à aborder une femme tout en ayant un vrai rapport avec elle, l'échange de numéros met souvent fin à cette interaction. Pourtant, tout l'intérêt réside justement dans le fait d'avoir une interaction plaisante et de communiquer que l'échange de numéros n'est pas l'objectif de cette rencontre. Avoir échangé vos numéros de téléphone n'est qu'une continuité dans ce rapport. Vous devez donc prendre le temps de continuer l'interaction de manière tout à fait naturelle et ensuite y mettre fin pour susciter chez cette femme l'envie de vous revoir.

20. Se comporter de manière suspecte

Aborder une autre femme alors que celle que vous venez à peine de rencontrer est encore dans les parages est un comportement qui risque de saboter vos efforts. Si vous venez de faire une belle rencontre, profitez-en pour faire autre chose tout en utilisant la bonne énergie que cela vient de provoquer en vous. Imaginez que vous recroisez cette femme lorsque vous êtes en train d'en aborder une autre… vous pensez sincèrement qu'elle se sentira unique et qu'elle acceptera de vous revoir ?

Évitez également d'exploser de joie lorsque vous retournerez voir vos amis qui vous ont observé de loin. Inutile également de leur taper dans la main comme si vous veniez de remporter le gros lot, elle peut encore être à quelques mètres de vous. D'une manière plus globale c'est un événement qui doit être tout à fait normal pour vous, donc comportez-vous comme un homme équilibré.

Point de vue d'une femme : 20 erreurs à ne pas faire

Marion travaille au sein de Lifestyle Conseil depuis quelques années. Elle a été formée par nos coachs à faire des approches dans toute situation, accompagnée par nos élèves : rue, bar, boîte… Elle nous livre en exclusivité les 20 erreurs commises le plus souvent par les hommes quand ils tentent de l'aborder et de la séduire.

1. S'alcooliser pour séduire

Boire beaucoup en pensant que cela vous rendra plus intéressant et plus détendu est une des erreurs en séduction à laquelle je suis le plus souvent confrontée. En plus d'être dangereux pour votre santé et parfois celle des autres, il se produit généralement l'effet inverse de celui attendu : vous devenez ridicule sans parler de l'haleine parfaitement repoussante ! Cela ne vous rend pas du tout attirant, vous n'êtes plus maître de vos faits et gestes et de ce que vous dites.

2. Draguer uniquement sur Facebook

Naviguer de profil en profil jusqu'à tomber sur la photo d'une femme qui vous attire montre que vous êtes en manque, que vous n'avez rien de mieux à faire et surtout que vous êtes en perpétuelle recherche ! Même si vous envoyez un message marrant et original pour attirer son attention, elle aura toujours à l'esprit qu'elle ne doit pas être la première à qui vous faites le coup.

Épier les informations personnelles pour les réutiliser : en agissant ainsi, vous prouverez non seulement que vous passez trop de temps devant votre ordinateur mais aussi que vous voulez aller trop vite. Vous prenez le risque de passer pour un obsédé, ce qui n'est évidemment pas séduisant. Prenez le temps de la connaître réellement ! Les informations que les gens donnent sur leur profil sont souvent loin de la réalité. Certains optimisent leur vie à défaut d'en avoir une vraiment trépidante. Enfin, trop chercher à connaître une personne via son profil Facebook est la meilleure façon de s'imaginer une personne à mille lieues de la réalité et donc d'être déçu.

3. Draguer en voiture ou en scooter

Outre qu'il s'agit là d'une pratique dangereuse voire inconsciente, tenter de séduire au volant n'est pas pratique : il est impossible de tenir une conversation normale au détour d'un feu rouge. Prenez le temps de draguer une femme dans la rue plutôt que de vous précipiter sur la première mignonne que vous croisez à un carrefour. Les chances d'obtenir son numéro seraient plus que minimes. Séduire ou conduire, il faut choisir.

4. Aborder en frontal

Lorsque vous abordez une femme frontalement, vous communiquez clairement que vous êtes en période de chasse. Dans le ressenti, c'est quelque chose qui peut rapidement être vécu comme une agression ou une intrusion forte. C'est une image que vous ne voulez pas communiquer si vous voulez vraiment rencontrer une femme et la revoir. La croiser avant vous permet de jauger son intérêt avec un échange de regards. Ensuite le fait de revenir sur vos pas pour l'aborder de côté communique clairement que vous n'étiez pas spécialement en chasse, mais qu'elle vous a paru si intéressante que vous n'avez pas pu vous empêcher d'aller la voir. Vous saisissez la différence ?

5. Faire une remarque déplacée

Lors d'une phase d'approche, vous ne pouvez pas vous permettre de faire une remarque déplacée sur le physique, même sous forme de compliment. Séduire demande un minimum de finesse. Vous ne pouvez pas dire à une femme que vous ne connaissez pas qu'elle vous excite ou qu'elle a de jolies fesses. Ce sont des phrases que vous pourrez lui dire plus tard dans l'intimité mais avant d'atteindre ce stade vous devez progresser graduellement. Utilisez ces remarques provocatrices quand la tension sexuelle sera forte entre vous. Cela peut arriver plus ou moins rapidement, tout dépend du contexte et de la relation que vous envisagez avec elle.

6. S'arrêter à la première phrase

J'ai bien conscience qu'aborder une femme dans la rue n'est pas simple. Mais si vous avez eu le courage de le faire en respectant les conseils de ce livre, il serait dommage de vous arrêter au début du chemin. Votre phrase d'accroche n'est pas vraiment déterminante dans la suite du rapport, vous devez donc pendant les cinq premières minutes de l'interaction mener la conversation en permettant à la fille de pouvoir rebondir pour ensuite équilibrer le rapport. N'hésitez pas à lui poser des questions légères et de jouer sur la bonne humeur. Le rapport se construira de lui-même si vous êtes dans une bonne dynamique.

7. Faire des déclarations à tout bout de champ

Une femme a peur d'aller trop vite. Peur de s'engager puis regretter, peur de s'investir puis souffrir. Si vous la jouez à la Leonardo DiCaprio dans *Titanic*, elle ne risquera pas de vous épouser ni de vous laisser une chance de la revoir. Pourquoi aller trop vite ?

Si c'est la bonne, vous aurez toute votre vie pour lui dire qu'elle est la plus belle, qu'elle est la femme de votre vie. Plus généralement faire des déclarations d'amour à tort et à travers reflète une certaine immaturité sentimentale et ne fait pas partie des caractéristiques de l'homme séduisant.

8. Ignorer ses amies

Il n'y a pas meilleur indicateur pour prouver votre maladresse sociale. Dites-vous que si vous voulez la séduire, il faudra vous faire accepter par son entourage. Sa meilleure amie n'hésitera pas à vous mettre des bâtons dans les roues si vous ne vous intéressez pas un minimum à elle. Ne parlons pas des hommes qui sont souvent vos concurrents directs. Si vous ne faites pas vite ami-ami avec le groupe, il sera un rempart supplémentaire même si aux yeux de cette fille vous dégagez plus d'intérêt que lui. Au final vous perdrez du temps à gérer sa meilleure amie qui vous déteste déjà et son meilleur ami qui se sentira clairement en danger. La solution est simple : parlez et amusez-vous avec tous les membres du groupe.

9. Déballer son CV

Votre CV ne nous intéresse pas forcément et cette démarche plombe l'interaction : cela donne l'impression que vous n'avez aucun autre sujet de conversation et que pour combler les silences qui vous gênent, vous n'avez trouvé pour seule solution que de parler de vous. Quand une fille assiste à ce genre de monologue, elle vous classe immédiatement dans la catégorie des narcissiques. Cela vous met aussi dans la position de celui qui a quelque chose à prouver et c'est une très mauvaise base pour construire un rapport de séduction.

10. Danser collé/serré

C'est une démarche peu correcte et très gênante. La plupart du temps, c'est nos amies qu'on a envie de retrouver sur le *dancefloor* pour s'amuser. Alors l'homme qui s'impose avec lourdeur n'est pas vraiment le bienvenu.

11. Siffler les filles

C'est tout à fait irrespectueux et digne des racailles que l'on rencontre sur les Champs-Élysées après minuit. Je pense qu'à ce stade il est inutile de vous écrire une thèse sur le pourquoi du comment : c'est le geste à éviter par-dessus tout.

12. Essayer d'attirer son attention toutes les deux minutes

Cela provoque en nous un sentiment embarrassant. Généralement vous ne le faites pas discrètement et nous n'avons envie que d'une chose : vous fuir. C'est une situation très inconfortable pour la fille, elle se sait observée et vous sent gêné de ne pas savoir comment l'aborder.

Si la fille est vraiment intéressée, inutile de vouloir attirer son attention, c'est elle qui essaiera d'attirer la vôtre (et c'est généralement fait de façon plus subtile). C'est ce qu'on appelle une « invitation à l'approche », que vous devez apprendre à reconnaître pour vous éviter de nombreux moments de solitude. On vous en envoie souvent bien plus que vous ne le pensez.

13. Rester planté devant une fille sans rien dire

Là aussi elle sera mal à l'aise. C'est un comportement très étrange et paradoxalement très fréquent. Certains hommes pensent sûrement que les femmes vont leur parler alors qu'en fait ils leur font tout simplement peur. Cela me fait personnellement penser à une attitude de psychopathe qu'on peut retrouver dans certains films d'angoisse. Encore une attitude à proscrire.

14. Faire le *lover*

Le *lover* joue la carte du romantisme en se donnant des faux airs de Roméo dans le seul but de séduire autant de femmes que possible. Sa sincérité est plus que douteuse.

Cette méthode vue et revue manque cruellement d'originalité. Notre besoin de sincérité et cette image d'hommes à femmes nous empêchent d'envisager la moindre relation avec eux.

Approcher avec des clins d'œil ou des phrases bateau comme « Tu es charmante » ou « Tout le soleil est dans tes yeux ». C'est presque du même niveau que « Eh mam'zelle t'as pas un 06 ? ».

15. Demander une cigarette, du feu ou l'heure

Cela n'a aucune originalité et peut devenir lassant si la femme a l'habitude de se faire aborder.

Partez du principe que c'est à vous de lui apporter quelque chose dans un premier temps pour établir un rapport, et non l'inverse en lui demandant un service. Mais si vous lui demandez l'heure ou votre chemin, rebondissez sur autre chose aussi vite que possible. Vous pourrez alors être dans le partage et c'est à ce moment que débute un rapport de séduction.

16. Draguer en bande

Vous êtes si effrayé que vous avez besoin de vos amis pour approcher une femme ? C'est la meilleure façon de la faire fuir. Une femme se sentira encerclée et donc agressée. Si elle est seule, allez-y seul. Si vous croisez un groupe d'ami(e)s, vous pouvez y aller en groupe de manière légère et décontractée. Mais vous ne faites pas une partie de rugby : si vous êtes plus de trois, séparez-vous en deux et ainsi de suite. D'une manière plus générale, le fait de toujours sortir entre hommes vous donnera une moins bonne valeur sociale que si vous avez l'habitude de sortir avec des femmes. Sortir en bonne compagnie, c'est aussi une manière utile pour apprendre à être à l'aise avec des femmes et ainsi augmenter le nombre de rencontres avec le sexe opposé.

17. Parler fort

Cela montre que vous faites tout pour attirer l'attention ou que vous n'arrivez pas à vous imposer autrement que par le haussement de voix. Restez calme et posé (sans prendre une voix monocorde), cela vous rendra beaucoup plus attirant et plus accessible. C'est très désagréable pour nous de se faire remarquer à cause de la présence trop appuyée de l'homme qui nous accompagne. Vous serez sûr de ne plus entendre parler de nous après un rendez-vous où vous aurez passé votre temps à parler pour tout l'auditoire. Parler plus doucement aura aussi l'avantage de créer une dimension de séduction et de complicité, alors pourquoi se compliquer la vie à hurler ?

18. Être trop tactile

On vous a conseillé d'être tactile avec une femme pour renforcer un rapport de séduction et c'est tout à fait vrai. Néanmoins, il faut respecter un minimum de distance, notamment au début, car toutes les femmes n'apprécient pas nécessairement. Passer votre temps à tripoter une inconnue qui surtout n'est pas à l'aise ne fera que vous compliquer les choses. Vous pouvez créer une sensation d'énervement voire de dégoût si vous le faites de manière trop appuyée ou maladroite.

19. Faire des compliments à tout bout de champ

C'est la version plus légère de l'erreur numéro 7 : « Faire des déclarations à tout bout de champ ». Un compliment est à utiliser lorsque vous le pensez et non pour créer une réaction. Le compliment n'a de la valeur que s'il est rare et toujours bien pensé. La flatterie n'est pas un comportement séduisant, bien au contraire, c'est l'attribut favori du laquais. Un ou deux compliments bien placés seront les bienvenus mais pas quinze. Complimentez-la sur son comportement ou ses valeurs plutôt que sur son physique (si elle est belle, mille autres l'ont fait avant vous).

20. Demander « Pourquoi ? » quand elle refuse

Quand une tentative de séduction échoue, il n'y a rien de pire qu'un homme qui vous demande pourquoi, comme s'il était irrésistible et que le refus de la femme abordée n'était pas logique. Cette réaction la conforte dans son choix et enlève à cet homme le peu de pouvoir de séduction qui lui restait. Aussi, une femme n'est pas nécessairement disponible, elle a peut-être une relation de couple pleinement satisfaisante. De toute façon, vous ne pouvez tout simplement pas plaire à tout le monde même en étant un parfait séducteur, et ça, il va falloir l'accepter. Préférez donc une attitude élégante en lui souhaitant une bonne journée, ce qui lui laissera une impression positive.

Approche directe ou détournée ?

Deux approches sont possibles. Vous pouvez aborder une femme en annonçant clairement la couleur : « J'aime ton style, on devrait faire connaissance », « Tu me plais alors je suis venu t'aborder »... Vous pouvez aussi préférer plus de subtilités en initiant un rapport via un prétexte ou une manière détournée d'entrer en contact : « Je cherche des endroits pour sortir ce soir et comme tu as l'air plutôt cool je suis venu te voir. » Il s'agit ensuite de faire évoluer la conversation petit à petit pour montrer que c'est bel et bien elle qui vous intéresse.

Les deux façons de faire sont tout à fait valables. Le choix entre ces deux approches doit se faire en fonction des paramètres suivants :

Votre personnalité. Certains sont à l'aise avec le fait de dire clairement ce qu'ils pensent et ce qu'ils veulent. D'autres préféreront jouer d'une façon plus détournée et subtile. C'est aussi une manière de ne pas faire fuir certaines femmes qui n'assument pas un rapport de séduction franc avec un inconnu. Dites-vous bien qu'il est inutile de jouer les séducteurs à l'approche si vous n'arrivez pas à tenir la distance par la suite, quand vous devrez continuer à prendre des initiatives de manière très directe.

Votre niveau d'énergie. Après une longue journée de boulot, vous n'avez peut-être pas envie de vous lancer dans des monologues brillants et préférez aller droit au but. En revanche, si vous faites la rencontre d'un groupe de personnes, prenez le temps de socialiser avec tout le monde : vous élargirez votre cercle social ainsi que les futures rencontres que cela vous permettra de faire.

Le contexte. C'est le paramètre le plus déterminant si vous souhaitez réussir (au-delà même de votre préférence pour l'une des deux façons de faire). En effet si vous rencontrez une fille dans un groupe il est inutile de tenter une approche frontale. À l'inverse, une femme seule que vous croisez dans la rue et qui vous regarde avec insistance est une femme que vous pouvez aborder de manière directe.

L'intérêt de l'approche directe est que vous savez très rapidement ce qu'il va advenir de votre rencontre. Si la femme n'est pas réceptive, vous coupez court de manière élégante et vous passez à autre chose. Si le retour est positif, bien que cela ne garantisse rien sur la suite de votre relation, les choses sont claires : vous êtes dans une démarche de séduction avec cette femme et elle vous laisse tenter votre chance. Il va donc falloir être bon pour continuer le rapport.

L'intérêt de l'approche détournée se situe dans le fait que vous passez pour un homme très sociable, intéressant et pas nécessairement intéressé. C'est une manière assez subtile d'augmenter votre valeur sociale et votre niveau d'attraction. Le point faible de cette méthode est qu'il est très facile de ne plus être dans une dynamique de séduction quand vous ne savez pas faire évoluer le rapport.

Habituez-vous à vous servir du contexte pour séduire. C'est la meilleure manière de plaire naturellement. C'est aussi une façon de vous montrer différent des autres : vous savez tirer profit de n'importe quelle situation et vous adapter à tout type de contextes. Votre approche sera également vécue de la part des femmes comme plus spontanée et donc plus séduisante. Le contexte vous guide dans votre choix d'utiliser une approche directe ou détournée pour augmenter vos chances de succès. Il s'agit donc de s'adapter, et l'intelligence, c'est l'art de s'adapter.

Comment aborder une femme dans la rue ?

Approchez-vous de la femme avec confiance (ou plutôt avec l'apparence d'un homme confiant) car le stress se partage facilement : si vous avez déjà assisté à une audition de musique, vous avez peut-être ressenti le stress des élèves. On se met à la place de l'autre et, de ce fait, on ressent son mal-être. Pour mettre votre future partenaire en confiance, vous devez lui transmettre du confort, de la joie, de la curiosité, etc.

Une fois vos premiers mots prononcés avec clarté et rythme, vous vous sentirez libéré. C'est un peu le même sentiment que ressent un musicien sur scène. Tout d'abord, de l'angoisse, du stress : plus vous vous rapprochez du but (que ce soit la scène, ou la femme), plus vous angoissez. Une fois arrivé, vous prenez une grande inspiration ; vous réfléchissez à la première phrase ou aux premières notes pour enfin les jouer avec une confiance calculée. Une fois lancé, votre angoisse disparaît, faisant ainsi place à votre enthousiasme et votre imagination.

Les phrases d'accroche

Une phrase d'accroche est une phrase qui va vous permettre de briser la glace au moment où vous aborderez une femme ou un groupe. C'est la première phrase que vous prononcerez. Ne pensez pas qu'elle est l'élément essentiel d'une rencontre, généralement quand un rapport se passe bien on arrive même à en oublier ce qu'on a dit en arrivant. Ne récitez pas non plus ces phrases par cœur mot pour mot, c'est la dynamique créée par ces dernières qui est importante. N'oubliez pas non plus que vous êtes dans une démarche de séduction alors soyez vivant et souriez ! Ce listing vous aidera surtout à comprendre l'état d'esprit qu'il faut avoir au moment d'aborder ainsi que les différentes façons de s'y prendre.

Les classiques

Les phrases d'accroche classiques ne sont pas originales mais elles suffisent pour aborder une femme si vous en avez l'envie et l'énergie. Le risque de ces phrases est d'être classé dans la catégorie « dragueur lourd ». À vous de faire en sorte de retourner rapidement la situation ou d'utiliser une accroche d'une autre catégorie.

- « Salut ! »
- « Salut, ça va ? »
- « Salut, tu aurais l'heure ? »
- « Excuse-moi, je suis perdu, tu sais où est la rue xxx ? »
- « Excuse-moi, tu aurais du feu ? »
- « Jolies chaussures ! »

Les préparées

Les accroches préparées sont à éviter mais elles peuvent s'avérer utiles quand vous ne savez vraiment pas quoi dire ou quand vous êtes trop stressé pour vous lancer dans une belle improvisation. Il faudra cependant éviter de réciter un texte par cœur, cela rendrait le rapport beaucoup moins naturel et la femme que vous aborderez le sentira très vite. Adaptez donc votre accroche préparée selon le moment, votre personnalité et vos envies.

« Salut, j'aurais pu t'aborder en te disant que je te trouve charmante, seulement c'est vraiment naze et je préfère te dire que tu me donnes envie de te connaître. Là, je n'ai pas vraiment le temps de rester, je dois rejoindre mes amis autour d'un verre, alors voilà ce qu'on va faire : on va échanger nos numéros et on ira boire un café dans la semaine. »

Les situationnelles

Les phrases d'accroche situationnelles sont à mon sens les accroches les plus efficaces. En effet elles démontrent chez celui qui sait les utiliser une capacité à rebondir et à être naturel en toute occasion. C'est aussi une manière efficace de jouer la carte de l'humour et de la légèreté. Il est parfois bon de commencer un rapport sur ce ton plutôt que d'y mettre une trop grande pression.

Quand il y a un événement cocasse :

- « Eh ben… bravo ! »
- (à ses amies) « Elle est toujours comme ça ? »
- « Elle fait toujours ça ? »
- « Moi qui pensais faire ta connaissance, là je sens que je vais m'abstenir… »

Quand vous avez les mains prises (prospectus, allumettes, flyers…) :

- « Tiens, cadeau ! »
- « Avec tout mon amour, cadeau ! »

Quand vous repérez un élément de l'environnement ou de son style exploitable :

- « Apparemment on est voisins de trottoir… moi c'est Jean. »
- « Eh ben… tu n'as pas lésiné sur le parfum, toi. »
- « Waouh, tu as assorti tes cheveux à tes bottes. Ça voudrait dire que quand tu mets des chaussures rouges, tu te teins aussi les cheveux en rouge ? »
- « "Nom de Parfum" de "Maison de Couture", mon ex portait le même. Tu n'aurais pas pu en choisir un autre ? »

Les spontanées

Les accroches spontanées sont avec les accroches situationnelles les plus efficaces grâce à l'effet naturel provoqué. Une approche spontanée peut d'ailleurs être une accroche situationnelle et vice versa. Vous devez clairement dire ce que vous ressentez sur le moment pour être le plus fidèle à vos émotions et dans un registre total de séduction. Évitez de la complimenter directement sur son physique ou de faire une allusion sexuelle, ce serait beaucoup trop tôt et surtout déplacé à ce stade.

- « Salut, je ne peux pas te laisser filer sans te dire que j'aime bien ton style, ça me donne envie de faire ta connaissance. »
- « Salut, tu vas peut-être trouver ça fou mais je t'ai vue et j'ai pas pu m'empêcher de venir te parler. J'aime bien ton style et ça m'a tout simplement donné envie de faire ta connaissance. »

- « Salut, je t'ai vue et je me suis dit que je devais venir te voir. Ça peut sembler un peu fou mais je n'avais pas envie d'être le mec qui croise une fille intéressante et qui la laisse filer parce que ça ne se fait pas d'aborder une inconnue dans la rue. Alors je suis venu. »

Les non-verbales

Ce type d'« accroche » doit inciter la femme à engager la conversation. Il demande une grande capacité d'improvisation et de naturel. Il vous faudra aussi savoir jouer avec votre langage corporel et vos expressions du visage. L'avantage est que ce type d'accroche est tellement rare que, s'il est bien fait, vous éveillerez la curiosité et parfois de manière très efficace. Enfin le dernier avantage est que pour utiliser ces accroches vous devez vous détacher du résultat escompté car vous êtes plus dans une dynamique de jeu que dans la séduction pure.

- Sourire
- Tirer la langue
- Faire un clin d'œil
- Montrer/attirer du doigt
- Faire du pouce
- Applaudir
- Mimer
- Singer

Comment obtenir le numéro de téléphone d'une femme ?

Vous avez abordé une femme et engagé la conversation quelques minutes, vous devez maintenant obtenir son numéro pour être sûr de la revoir. Voici quelques exemples de formulations :

- « Écoute, c'était sympa de parler avec toi. J'ai bien envie de te revoir. On va échanger nos numéros ? »
- « Je te propose qu'on échange nos numéros de téléphone. »
- « On devrait échanger de quoi rester en contact. »

- Lui tendre votre portable sur lequel on peut lire : 06

Si vous êtes en soirée échangez vos numéros juste avant de vous séparer. Vous pouvez aussi prendre son numéro pendant la soirée en profitant d'un pic émotionnel où votre rapport est le plus profond. Il est facile et logique de prendre son numéro de téléphone quand vous avez réussi à créer un sentiment de complicité.

Comment aborder une femme dans un groupe ?

Lorsque vous repérez une femme qui vous intéresse dans un groupe de personnes (que ce soit un groupe de femmes ou un groupe mixte), les règles diffèrent beaucoup par rapport à une rencontre avec une femme seule dans la rue. Voici les cinq erreurs à ne pas commettre lorsque vous approchez un groupe dans le but d'obtenir le numéro de téléphone.

1. S'adresser à une seule personne

Vous devez orienter votre corps vers tout le groupe et véhiculer l'idée que vous parlez à tout le monde. Il y aura automatiquement une personne qui va prendre la parole pour vous répondre. Il y a de fortes chances pour que cette personne soit le leader du groupe. Vous commencerez donc par discuter avec celle-ci pour ensuite rebondir et discuter avec les autres personnes. Le but est de créer une dynamique avec l'ensemble du groupe pour éviter que certains membres du groupe décrochent et cassent la dynamique, mettant de ce fait un terme à l'approche. Vous devez faire en sorte que le groupe ne se sépare jamais histoire de ne pas pousser les autres à les suivre. Le seul cas où cette situation peut être bénéfique est le cas où vous êtes vous-même en groupe et où vos amis discutent avec quelques personnes de ce groupe pour en former un autre.

2. Ignorer les autres membres du groupe

Ne vous adressez pas uniquement au leader et à la femme qui vous intéresse. Vous n'aurez accès à elle que si vous êtes accepté par tous. Vous devez aussi vous obliger à interagir avec tout le monde pour vous habituer à être à l'aise dans ce genre de situation et pour apprendre à apprécier cela. Vos résultats n'en seront que meilleurs.

3. Ne pas sympathiser avec vos concurrents

Dans un groupe, vous devez penser et agir en stratège. Ainsi vous serez souvent confronté à des potentiels concurrents au sein d'un groupe. Il peut s'agir du meilleur ami qui essaye désespérément depuis des années de conquérir la belle. Il peut aussi s'agir d'un ex ou d'un potentiel petit ami qui fera tout pour vous mettre des bâtons dans les roues. Il existe une règle simple pour vous éviter bien des difficultés : sympathiser avec ces messieurs. La première étape consiste donc à dire que vous appréciez quelque chose chez eux : le style, le job, la personnalité de manière franche et sincère. Faites un effort ou soyez créatif quand vous êtes face à un concurrent peu expansif et fermé. La suite consiste tout simplement à continuer un rapport léger et sympathique comme vous pouvez le faire avec vos amis. Vous aurez désarmé les obstacles, ce qui vous permettra ensuite d'avoir accès à celle qui vous intéresse.

4. Parler trop tôt à celle qui vous intéresse

Évitez de vous adresser à celle qui vous intéresse dès le départ. Très souvent les personnes faisant partie d'un groupe sont habituées à être abordées grâce à la présence de jolies filles. Ne faites pas la même erreur que la plupart des hommes en groupe : adressez-vous à ceux qui ne vous intéressent pas d'abord. Vous devez faire comprendre que vous n'êtes pas là pour séduire la plus belle du groupe (même si c'est faux). L'autre effet positif de cette stratégie est que vous susciterez de l'intérêt et de la curiosité chez votre cible car vous êtes un des rares à ne pas vous jeter sur elle. C'est une manière très subtile de mettre en place un contexte de séduction indirecte.

5. Ne pas isoler

Après avoir sympathisé avec l'ensemble du groupe, viendra le moment ou vous devrez créer un contact plus personnel avec la femme qui vous intéresse. Dans un premier temps, parlez-lui côte à côte dans le groupe pour ensuite l'isoler une heure après. Vous pouvez le faire plus tôt ou plus tard, tout dépend du niveau de confort que la femme va ressentir auprès de vous. Si elle se laisse facilement toucher, si elle vous écoute et relance la conversation, vous pouvez passer à la phase suivante : vous séparer du groupe pour avoir une conversation intime à deux.

Comment isoler sa cible ?

Si cette femme est suffisamment indépendante et attirée vous n'aurez pas besoin d'avoir l'autorisation de son groupe pour vous poser dans un coin plus tranquille. Il vous suffira donc de lui dire une phrase de ce type :

- « Viens là-bas on s'entendra mieux. »
- « Viens, il faut que je te montre quelque chose. »
- « Je te propose qu'on se pose là-bas, on sera mieux. »

En revanche, si elle souhaite avertir son groupe pour avoir son aval, il va falloir être rassurant et spécifier ce que vous allez faire (sans entrer dans les détails) :

- « Eh les filles, je vous l'emprunte cinq minutes, on sera là-bas. »
- « On se pose là-bas si vous nous cherchez tout à l'heure. »
- « On va discuter sur les banquettes, si vous nous cherchez on sera là. »

Comment aborder une femme : les points essentiels à retenir

- N'abordez jamais de face ni de dos.
- Laissez-la d'abord vous croiser et revenez ensuite sur vos pas en l'abordant de côté.
- Ne vous penchez jamais vers elle et ne cachez pas vos mains derrière le dos.
- Quand vous abordez une femme, arrêtez-vous toujours, ne la poursuivez jamais et ne marchez pas à ses côtés sauf si elle vous invite à la suivre.
- Respectez toujours une distance minimum (d'environ une longueur de bras) pour ne pas rentrer dans sa sphère d'intimité trop rapidement et être considéré comme intrusif.
- Soyez souriant et véhiculez une énergie positive, vous êtes là pour lui apporter de la valeur ajoutée en vous différenciant des autres.
- Après quelques minutes de conversation proposez-lui de vous revoir en échangeant vos numéros de téléphone.
- Ne donnez pas votre numéro de téléphone sans prendre le sien. Vous pouvez par exemple noter le sien puis faire biper son téléphone en lui disant « Voila mon numéro, comme ça tu sauras que c'est moi qui t'appelle ».
- N'hésitez pas à continuer un peu la conversation après l'échange de vos numéros si vous avez tous les deux un peu de temps, cela vous aidera à renforcer le rapport.

Comment la rappeler pour être sûr de la revoir ?

Ce chapitre va vous aider à savoir comment procéder pour obtenir un rendez-vous et séduire une femme au téléphone. Il répondra aux questions suivantes : comment faire, quand faire, quoi faire et surtout que dire à une femme au téléphone pour obtenir un rendez-vous ? Nous verrons également comment adapter votre conversation en fonction de l'intimité et de la personnalité de la femme qui vous intéresse.

Ce guide n'est pas un regroupement de techniques magiques car, comme vous le savez, il n'y en a pas. N'oubliez pas que la séduction est d'abord un jeu. Donc acceptez de pouvoir perdre. Soyez toujours positif et ne soyez pas aigri ni pleurnichard. On apprend de toute situation, même des tentatives ratées.

Avant de l'appeler

Les femmes et le téléphone

L'art de réussir une conversation téléphonique dans le but d'obtenir un rendez-vous peut paraître simple mais est en réalité un exercice difficile pour plusieurs raisons :

- Le téléphone c'est l'arme des filles : elles y passent des heures et seront toujours plus douées que vous dans ce domaine.
- C'est un rempart supplémentaire : le téléphone sert de filtre pour votre cible, elle peut ainsi continuer à vous tester pour être sûre de son choix, mieux vaut être bien préparé.
- Vous n'êtes pas physiquement présent et les règles diffèrent : si votre point fort est votre présence il va falloir travailler sur l'expression et l'utilisation de votre voix.
- Divers éléments techniques peuvent rentrer en jeu : réseau de mauvaise qualité, téléphone endommagé, bruits de fond... Ces éléments peuvent compliquer votre conversation et vous inscrire dans une dynamique négative voire stressante.
- Parce que rien n'est gagné et qu'il reste encore beaucoup à faire.

Un peu de mathématiques

Sachez tout d'abord que plus de la moitié des numéros que vous aurez pris ne mèneront à rien. Mieux vaut ne pas prendre un numéro si vous sentez que la femme n'est pas intéressée : vous ne perdrez pas de temps à appeler son répondeur.

Entre des éléments probables (elle regrette de vous avoir donné son numéro, elle l'a donné par gentillesse ou pour se débarrasser de vous, retour d'un ex, plus envie...) et moins probables (perte de téléphone, départ au couvent, changement de pays...), il y a un tas de raisons qui font que ces numéros ne serviront à rien.

Lors de vos appels, vous pouvez être confronté à :

- Celles qui ne répondront jamais et on ne saura pas pourquoi.
- Jean-Pierre, un type qui n'aura rien à voir avec cette histoire mais que le hasard du faux numéro aura amené ici.
- Celles qui ne vous répondront qu'une fois et puis plus jamais (là, vous devez continuer à lire ce guide).

Pour l'autre moitié, il s'agira de filtrer celles qui vous intéressent réellement et qui passeront tous vos tests, et c'est encore une moitié qui part aux oubliettes.

En conclusion, seulement un quart de ces numéros pourront vous mener quelque part (mais on ne sait pas encore bien où à ce stade).

Quand l'appeler ?

Cela peut vous paraître peu croyable, mais à ce stade, vous communiquez déjà des informations à votre sujet.

Si vous appelez au bout de plusieurs jours, vous télégraphiez le fait que vous êtes une personne occupée qui a des activités, que vous avez l'habitude de rencontrer des gens et que vous ne vous emportez pas émotionnellement parlant, en bref des caractéristiques d'un homme stable, séduisant et mature.

En revanche, si vous appelez le jour même (sauf scénario exceptionnel) ou le lendemain et en week-end vous communiquez que vous n'avez pas grand-chose à faire de vos journées et que le fait d'avoir pris le numéro d'une femme relève de l'exploit : vous vous dévaluez sur-le-champ et, à moins que nous aimiez rajouter des obstacles, vous partez avec un handicap.

Attention, il est inutile de prétendre avoir une vie bien remplie si ce n'est pas le cas, vous ne tiendrez pas la distance longtemps, en situation réelle. Il y aura un trop grand décalage entre vous et la réalité que pourra apercevoir la fille. Le but de l'opération étant de lui rappeler que vous avez de la valeur, tout en ne surjouant pas, exercice difficile mais ô combien gratifiant quand il est bien mené.

L'idée-clé est d'adapter le délai de votre appel en fonction de la qualité du rapport et du degré d'intimité que vous avez eu préalablement avec cette femme.

Prenons pour exemple, deux situations types :

- Si vous avez pris son numéro au détour d'une station de métro, que vous ne connaissez pas son prénom et que vous vous souvenez vaguement de sa silhouette… il va falloir appeler au plus vite pour une mise au clair. La rappeler le lendemain est donc acceptable.
- Si, au contraire, vous avez passé la soirée à discuter avec cette femme ou que ce n'est pas la première fois que vous vous voyez par l'intermédiaire d'autres amis, n'hésitez pas à la faire languir un peu, mais sans exagération. Ne rentrez pas dans la caricature de celui qui fait patienter sa cible sans raison particulière. C'est trop louche pour être vrai et vous risqueriez de communiquer des éléments négatifs : « Il doit avoir déjà une petite amie / être marié » « Il n'est pas aussi intéressé que je le croyais et je perds mon temps ». Au final vous compliqueriez les choses et la situation serait plus délicate.

Alors, au bout de combien de temps devez-vous réellement l'appeler ? Après avoir vu l'état d'esprit, entrons dans l'aspect technique du rappel. Théoriquement vous pouvez l'appeler quand vous le souhaitez, l'important c'est que cela soit bien fait. Mais si vous lisez ce guide, c'est que vous voulez mettre toutes les chances de votre côté, alors lisez ce qui suit :

- Si c'est un numéro pris à la va-vite lors d'une correspondance dans le métro, comme nous l'avons vu plus haut, il va falloir rappeler assez vite… disons un ou deux jours.
- Si c'est un numéro que vous avez pris après plusieurs heures de discussion, et si vous l'avez assez marquée, faites-la patienter quelques jours, disons trois. C'est toujours agréable

d'entendre un : « T'en a mis du temps pour me rappeler ! » (et vérifier son intérêt par la même occasion).

Attention aux cas particuliers

Si vous êtes en déplacement, en week-end ou en vacances n'attendez pas d'être rentré chez vous pour la rappeler ! Si votre cible sait que vous n'habitez pas sur place et qu'elle est intéressée, elle vous encouragera à ne pas traîner. Appelez le jour même : c'est autorisé et vivement conseillé si vous ne voulez pas gaspiller ce genre de rencontres.

Si vous prenez le numéro d'une femme en déplacement, en week-end ou en vacances et qu'elle habite près de chez vous, deux solutions s'offrent à vous :

- Vous rappelez rapidement comme dans le premier cas de figure et vous profitez de l'instant présent.
- Vous attendez d'être rentré chez vous et vous la rappelez. Sachez qu'en optant pour cette solution, vous communiquez que vous désirez quelque chose de plus sérieux qu'un amour de vacances.

Plutôt que d'appeler le week-end :

- Sortez, rencontrez d'autres gens, ne vous focalisez pas sur une cible potentielle. Il s'agit là d'un style de vie plus enrichissant pour vous, qui de surcroît communique à votre cible que vous êtes bien le mec sociable et intéressant qu'elle avait imaginé…
- Le vendredi, c'est encore acceptable, mais pas en soirée pour les mêmes raisons que celles évoquées ci-dessus.
- Le plus efficace reste d'appeler en semaine, en fin de journée vers dix-huit ou dix-neuf heures, histoire de détendre l'atmosphère et de la faire décompresser après une journée de boulot.

Écarts tolérés

Il y a toujours des exceptions aux règles que nous vous fournissons : le contexte. Si on vous invite à une soirée à la dernière minute un vendredi soir, pourquoi ne pas appeler votre cible si elle apprécie ce genre de sortie. Dans ce cas, le contexte implique un écart de conduite dans les règles : cela s'appelle l'adaptation. La seule règle à retenir est l'adaptation par rapport au contexte et à la cible.

Les derniers préparatifs avant d'appeler

Soyez énergique.

N'appelez jamais par obligation : si elle ne vous plaît pas, oubliez-la ; si elle vous plaît, prenez votre temps et n'appelez pas parce que vous avez attendu les X jours réglementaires qui ne sont conseillés que pour optimiser ce moment. Rappeler doit être une envie et un plaisir, pas un devoir. Ne vous forcez jamais, elle le sentira, vous le sentirez et ça ne fonctionnera pas.

Profiter d'un moment d'énergie sera votre meilleur atout. Rien de plus désagréable que d'avoir un mou ou un apeuré au téléphone. Profitez plutôt d'un pic d'énergie (dû par exemple à un événement positif), qui vous permettra plus d'efficacité pour la direction de la conversation.

- Vous venez de décrocher un nouveau job ? Appelez-la.
- Vous venez de vous rappeler un bon moment ? Appelez-la.
- Vous venez de passer une excellente journée ? Appelez-la.
- Vous venez de passer à la télé ? Appelez-la.
- Vous venez de gagner au Loto ? Appelez-la.
- Vous êtes heureux ? Appelez-la.

Sachez où vous voulez aller.

Ne vous excusez jamais de vouloir la séduire.

Elle : « Tu es en train de me draguer ? »

Vous : « Oui. »

Ou

Vous : « Tu en doutais ? »

Ou

Vous : « C'est mignon quand tu fais semblant de pas comprendre. »

Affirmez-vous.

Elle : « Tu me paieras le verre ? »

Vous : « Je ne fais pas partie de ceux qui te paieront un verre pour avoir ton attention. En revanche, je compte prendre un verre avec toi pour voir si tu en vaux la peine et c'est ce que je pensais avant ta dernière phrase. Disons bar *** 21 heures ? »

Ou

Vous : « Si tu me payes un verre, oui. »

Ou

Vous : « On va faire un jeu : si j'arrive en retard, je te paie le verre. Si tu arrives en retard, c'est toi qui paies. »

Conduisez-la.

- « Tu connais *** ? C'est notre sortie de ce soir. »
- « Ce soir je t'emmène à ***. Je pense que tu apprécieras. »
- « J'ai décidé qu'on irait à *** ce soir. »
- « Viens juste pomponnée, je m'occupe du reste. »

Surprise et mystère.

Elle : « Où tu m'emmènes ? »

Vous : « C'est un secret, je peux juste te dire de venir devant *** à ** heures. »

Vous : « Rendez-vous à *** ce soir et tu le sauras. »

Elle : « Tu comptes faire quoi de cette journée ? »

Vous : « Je ne peux pas te le dire pour le moment, mais plus tard si tu es sage… »

Ou

Vous : « Qu'elle est curieuse ! Tu verras ce soir… »

Attention : ces phrases ne sont que des exemples-types pour vous guider vers le bon état d'esprit. Ces propositions ne vous garantissent pas un succès et peuvent se révéler inadaptées dans certains cas. Chacun des exemples fournis dans ce guide demande une part significative de discernement et n'a pas pour but une utilisation mécanique.

L'importance de la voix et des mots

La communication se fait à 55 % par le langage corporel, à 38 % par la voix et seulement 7 % par les mots. Au téléphone, les règles changent puisque la dimension la plus importante, le langage corporel, disparaît totalement. Comme la visioconférence n'est pas un standard dans nos téléphones portables, nous considérons donc que la voix et les mots véhiculent 100 % d'un message au téléphone.

Vous devez donc travailler votre aisance vocale et faire de l'oral une véritable arme de séduction. Si vous faites partie de ceux qui ont un vrai problème pour s'exprimer, aller voir un coach vocal, un professeur de chant ou faites du théâtre. Les solutions ne manquent pas en présence de motivation.

Que dégage la voix ?

La voix est la signature d'un individu. Le ton, la musicalité, le tonus et le débit forment une marque de fabrique. Vous pouvez améliorer votre voix ainsi que son utilisation, mais la nature de votre voix ne changera jamais. Forcer votre voix dans les graves, ou trop ralentir vous rendra ridicule. Si vous ne deviez retenir qu'un conseil pour la voix, ce serait de prendre votre temps et de respirer bien profondément. Les timides parlent souvent avec une voix fluette et projettent un son presque coupé venant de la gorge. En revanche, les bons orateurs dégagent une force et une clarté dans la voix, projetée depuis la cage thoracique. Concernant l'état d'esprit, la meilleure méthode pour avoir une voix agréable reste d'être positif et énergique ; ce qui influera sur la qualité de votre conversation.

L'exercice de la respiration.
Si vous angoissez à l'idée d'appeler votre cible, vous pouvez faire cet exercice de respiration. Prenez plusieurs bonnes inspirations avant d'appeler. Au moment de l'appel, quand vous devrez prendre la parole, expirez comme dans un exercice de musculation. Cette méthode vous permettra de bien projeter votre voix dès le début de la conversation et ainsi d'instaurer un bon rythme. Attention, il s'agit d'un exercice de respiration : ne stockez pas l'air pour tout recracher au moment où elle décroche. Cet exercice n'offre qu'une meilleure respiration. Si elle décroche et que vous expirez, cela ne changera rien puisque l'intérêt réside dans une respiration correcte. Faites également attention à la fin de vos phrases : on a tendance à se presser et à moins articuler. Prenez toujours votre temps, quitte à traîner un peu trop.

L'importance de l'ancrage

L'ancrage est un élément de représentation (atmosphère, ambiance, image, odeur, goût) qui s'associe à une idée/personne. Ainsi vous pourrez utiliser divers éléments pour marquer votre identité auprès de votre cible. Prenez par exemple une musique, bien souvent vous l'associerez à un état, à un sentiment (joie, amour, mélancolie…) parce que vous aurez vécu une expérience avec (écouter une musique en faisant l'amour, écouter une musique en soirée, écouter une musique dans un état mélancolique…). C'est la même chose lors d'une rencontre. Vous pouvez donner un surnom à une fille que vous connaissez à peine, la faire rire, ou avoir une odeur particulière. Quand quelque chose lui rappellera ces éléments, elle pensera à vous, et se remettra dans cet état émotionnel.

Utilisez un ancrage dans vos conversations.
Vous pouvez utiliser les moments privilégiés que vous avez partagés avec cette personne. Cela vous permettra de vous introduire d'une manière ultra-positive, confiante et agréable. De plus cette technique aura pour effet de réaliser un ancrage chez votre

interlocutrice, au moment même où elle entendra ces mots, elle pourra repenser aux moments agréables qu'elle aura passés avec vous et se mettra dans un état émotionnel positif. Vous serez donc assimilé à du positif, à des émotions fortes et de l'agréable, et tout cela dès la première phrase, pratique non ?

Rappelez-vous des bons moments.
Souvenez-vous des petites anecdotes vécues ensemble. Entraînez-vous également à donner des surnoms drôles qui font référence à un de ses traits de caractère. Cela créera rapidement de la complicité. Veillez à toujours utiliser ces références d'un ton joueur et décontracté. L'effet de sérieux peut aussi être comique mais vous prenez un risque à l'utiliser au téléphone. Votre interlocutrice pourrait passer à côté de la taquinerie. Ce malentendu pourrait créer une gêne, chose que vous ne voulez pas.

Quelques exemples à adapter selon votre situation :

- « Allô, je suis bien chez la voleuse de verre de vin blanc du jeudi ? »
- « Allô, la petite vilaine aux ballerines roses ? »
- « Salut, j'ai fait le bon numéro pour joindre la petite brune surexcitée de la soirée de *** ? »
- « Allô, Marie-Adeline de La Cour ? » (Marie-Adeline de La Cour étant un surnom débile que vous lui aurez attribué).

Un de ces exemples sera une entrée beaucoup plus efficace et marquante qu'un maladroit : « Allô, heuuu… Sophie ? »

En l'appelant

L'entrée en matière

Adaptez-vous à la situation. Un numéro pris à la va-vite nécessitera une conversation plus longue pour récupérer ce que vous n'avez pas pu faire le jour de la rencontre. Dans ce cas vous devrez rajouter l'étape Connexion et partage de points communs (page 138). N'en faites pas trop non plus, si elle accepte assez facilement d'être taquinée, ne continuez pas trop, sinon elle finira par se sentir agressée ou dévaluée. Continuez doucement et sûrement.

Exemple : vous rencontrez une femme dans le métro. Autour de son cou, flotte un joli foulard rouge. Voici comment tirer profit de ces petits détails :

Vous : « Allô, la petite brune au foulard rouge de la ligne 1 ? »

Elle : « Oui ? »

Vous : « Salut, c'est ***. Je t'appelais pour qu'on aille boire un verre... mais en fait je me rends compte que je ne sais rien de toi hormis le fait que tu aimes les foulards rouges et la ligne 1... »

Elle *(rire gêné probable)* : « Que veux-tu savoir ? »

Vous : « Tu portes aussi des foulards violets de temps en temps ? »

Elle *(rire probable et peu importe la réponse)*

Vous : « Je plaisante. J'aimerais te connaître un peu plus, parce que derrière cette petite brune à foulard rouge, je suis sûr qu'il se cache quelqu'un d'intéressant qui pourrait apprécier des séries débiles, s'empiffrer de chocolat ou faire semblant d'aimer les expos. Allez confesse-toi, que fais-tu dans la vie ? »

Elle : « Je suis ***. »

Un numéro pris correctement après une longue conversation, nécessitera moins de temps et devra aller au but. L'étape téléphonique n'est pas une tâche aisée et il est toujours préférable d'y consacrer un cours instant. Dans ce cas prendre un rendez-vous doit juste être une formalité.

Vous pouvez également prendre en compte certains détails la concernant (statut social élevé, job prenant, souvent occupée...) et ainsi éviter de perdre des points rapidement en lui faisant comprendre que vous ne la bassinerez pas des heures au téléphone.

Vous : « Hey, la petite blonde aux talons bleus ? »

Elle : « Oui ? »

Vous : « Salut c'est *** comment vas-tu ? »

Elle : « Super et toi ? »

Vous : « Bien, mais je n'ai que quelques minutes à nous accorder avant mon rendez-vous, et je voulais vérifier si tu étais bien la petite blonde hystérique à qui j'ai promis un café dans la semaine… »

Ou

Vous : « J'ai une pause de cinq minutes et comme je viens de croiser un petit truc blond qui te ressemble mon inconscient m'a poussé à t'appeler. »

Connexion et partage de points communs

Intéressez-vous vraiment à elle et renseignez-vous avec subtilité. Vous n'êtes pas du FBI (ou vous ne voulez pas qu'elle le sache pour des raisons d'État évidentes) alors faites-le avec finesse et légèreté.

Vous : « Et sinon, à part t'empiffrer de chocolat et porter des collants violets tu fais quoi dans la vie ? »

Ou

Vous : « J'allais te proposer un café mais en fait je me rends compte que je ne sais pas grand-chose de toi, allez vide ton sac. »

Ou

Vous : « Alors je sais que tu aimes *Gossip Girl*, comme toutes les filles tu me diras, et le crumble aux pommes. Je pense donc qu'on a encore un peu de marge pour apprendre à se connaître. Tu as d'autres passions dans la vie ? »

Ou

Vous : « Bon alors, tu es un peu timide dans le noir, tu n'aimes pas la foule, tu ne fais pas de sport… Tu as d'autres défauts de fabrication dans le genre ? »

Soyez sincère et pas borné : si vous n'aimez pas la contredire, ne le faites pas. Soyez intrigué et curieux. Cherchez à découvrir et à comprendre.

Elle : « Je suis complètement fan de ***. »

Vous : « Je ne connais pas du tout, il faudra que tu me fasses un petit exposé autour de ce café. »

Ou

Vous : « Je sens qu'aujourd'hui je vais apprendre quelque chose. »

Ou jouer en la provoquant de manière drôle :

Elle : « J'adore le groupe ***. »

Vous : « Ah ! T'as vu leur nouveau batteur ? Nanana, si tu m'avais dit ***, là j'aurais pu comprendre, mais *** ! Ça va pas du tout ma petite. Je vais devoir refaire toute ta culture musicale autour de ce café. »

Ou

Vous : « Bon, ben je vais devoir raccrocher… salut. »

Vous pouvez également deviner des traits de son caractère d'après les quelques informations que vous avez d'elle.

Vous : « Je suis sûr que tu es du style à regarder *Sex and the city* avec tes copines autour d'un pot de Nutella ? »

Elle : « Ha ha, comment t'as deviné ? »

Vous : « C'est un secret. »

Elle : « Allez ! »

Vous : « Je ne dévoile jamais mes sources. Tu le sauras ***. » (*** étant le jour de votre rendez-vous.)

Projetez-vous dans le temps

Il est important de vous projeter dans le temps avec cette fille. Attention, il ne s'agit pas de lui dire : « Quand on sera mariés, qu'on aura trois enfants et un petit chien », vous iriez droit dans le mur. Projetez-vous dans votre future rencontre pour qu'elle accepte plus facilement l'éventualité du rendez-vous. Transformer cette éventualité en réalité proche vous amènera plus facilement à la réaliser (autant dans son esprit que dans le vôtre).

Vous : « Je pense qu'on ira se balader à *** après notre petit café. »

Elle : « Notre petit café ? »

Vous : « Oui, j'ai décidé, vu que t'étais plutôt sympa, qu'on ira boire un café vers *** à 18 heures. »

Ou

Vous : « Toi qui aimes ***, tu seras contente vendredi, je t'emmène dans mon café secret. »

Elle : « Je t'écoute. »

Vous : « C'est un secret, mais, ça aura lieu à *** avec toi et moi en intervenants principaux et deux cafés comme accessoires. »

Ou

Vous : « Tu connais *** ? »

Elle : « Oui/non. »

Vous : « C'est une adresse que j'aime bien, c'est pour ça qu'on ira boire un café, là-bas. Tu verras, c'est vraiment très agréable. »

Clôturez la conversation

Soyez toujours le premier à mettre fin à la conversation. Cela aura pour effet de lui faire comprendre que vous avez des choses à faire et que vous ne serez pas son futur laquais prêt à tout pour la revoir. Ne soyez pas pour autant désagréable ou caricatural. Coupez simplement.

« C'était sympa cette petite discussion, mais je vais devoir te laisser, on m'attend, je te souhaite une bonne fin de journée, et à ***. » (*** étant le jour de votre rendez-vous.)

Elle : « Ça marche, bisous. »

Vous : « Bye. »

Après l'appel

Et le SMS dans tout ça ?

Avec la pratique, vous agirez avec plus de liberté au niveau des textos et vous retrouverez tous les conseils pour bien les utiliser page 144. Mais dans un premier temps, souvenez-vous que le texto n'est pas un palliatif à la conversation téléphonique pour les raisons évoquées ci-dessous.

- L'intérêt que vous suscitez auprès d'elle n'est pas encore suffisant pour qu'elle prenne la peine de vous répondre, vous réduiriez donc bêtement vos chances de succès.
- Elle n'est plus dans l'état émotionnel dans lequel vous l'avez laissée : il faut refaire monter la température avec une réelle conversation, le texto n'étant évidemment pas suffisant.
- Vous risquez également de montrer ainsi que vous n'assumez pas ou que vous avez peur de l'appeler.
- Et sachez enfin qu'il reste beaucoup à faire et ce n'est pas en quelques mots de texto que vous y arriverez.

En revanche, à la suite d'une conversation téléphonique, vous pourrez clôturer votre appel par un ancrage qui vous a servi depuis le début et faire de ce texto la cerise sur le gâteau :

- « N'oublie pas tes talons et ton chignon de petite écolière sinon je pourrais te confondre avec Géraldine, une passante qui n'aura rien à voir dans l'histoire… bisous. »
- « Rendez-vous à 16 h 36, si j'arrive en retard, je te paie le café. Si tu arrives en retard, c'est toi. Mais surtout n'oublie pas tes talons. »

Cependant cette méthode est quitte ou double : si vous vous y prenez mal, cela fragilisera votre rapport et elle risquera d'annuler le rendez-vous à la dernière minute pour cause de « réunion qui s'éternise » ou de « rendez-vous oublié chez le psy » (dans ce dernier cas, fuyez). Si vous vous y prenez bien, vous augmenterez tout simplement vos chances de réussite.

Et si ça ne répond pas ?

Si vous tombez directement sur le répondeur : ne laissez pas de message et rappelez plus tard.

S'il y a plusieurs sonneries puis le répondeur : ne laissez pas de message et rappelez plus tard.

Rappelez deux fois maximum dans la même journée.

Espacez vos appels, et ne tentez cet exercice que deux fois (pour cumuler quatre tentatives d'appel sur quelques jours, ce qui n'est déjà pas mal). Dites-vous bien que, en général, une femme intéressée fera en sorte de vous répondre, de ne pas manquer votre appel ou du moins de faire le nécessaire pour ne pas perdre contact avec vous.

Si elle vous envoie un texto pour savoir qui vous êtes, ne répondez pas et appelez-la.

Si elle ne décroche pas, effacez son numéro, vous n'avez pas de temps à perdre avec une indécise ou une parano (qui donne son numéro).

Si elle en vaut vraiment la peine (réfléchissez à froid), envoyez-lui un texto drôle mais énonçant clairement votre étonnement face à sa réaction :

« Salut, c'est le dresseur de phoques de vendredi dernier, je ne pensais pas que tu avais ce petit côté parano. Ça vaut la peine de te rappeler ou bien je vais m'apercevoir que tu n'es pas la fille toute mignonne que j'ai rencontrée à *** ? »

C'est encore une fois quitte ou double, mais mieux vaut abandonner maintenant plutôt qu'après x semaines/mois.

Mettez les autres tentatives sur le compte d'une perte de portable ou un événement qui justifierait son indisponibilité, mais dites-vous bien que généralement, les femmes sont prêtes à aménager leur emploi du temps si ça en vaut la peine.

Comprenez bien que le message sur répondeur doit être votre dernière tentative pour la contacter, après, c'est terminé, sous peine d'être classé dans la catégorie des lourds.

Dans quel cas laisser un message ?

Si elle n'a pas répondu au dernier appel (donc le quatrième), il y a une chance sur trois pour qu'elle vous rappelle. En utilisant la tactique du « teasing », vous augmentez sensiblement les chances qu'elle vous rappelle tout en vous démarquant des autres mecs qui lui ont laissé des messages de cinq minutes, en pleurant à moitié, en la suppliant totalement, et en échouant définitivement.

Le teasing : c'est un message court, drôle, et accrocheur pour susciter l'intérêt et la curiosité de votre cible. À faire sur un ton joueur et pas blasé, qui serait dans ce cas un synonyme d'exaspération. Durée : 15 secondes maximum.

« Bonjour, ici ***, responsable technique des filles qui ne répondent pas au téléphone, vous avez une future facture impayée pour mercredi prochain, pour deux cafés en terrasse, merci de me contacter pour redresser votre situation. »

« Salut, tu dois probablement habiter dans une grotte et vivre parmi une meute de loups sauvages pour ne pas répondre au téléphone mais si un jour tu en avais marre de vivre à une autre époque, tu peux essayer de me rappeler, et non je ne capte pas les messages de fumée. »

« Bonjour, ici la grande tombola des célibataires chanceux, vous avez remporté le gros lot vendredi dernier, il faudrait venir récupérer votre prix, merci de nous contacter avant sa date limite de disponibilité. »

« Salut, j'hésitais à faire un Loto avec ton numéro puisque tu ne réponds pas au téléphone et je me suis dit que ça serait dommage de ne pas te laisser un message vu la bonne soirée que nous avons passée ensemble. Tu sais quoi faire maintenant ? Eh non, ce n'est pas de jouer au Loto avec mon numéro. »

« Salut, j'ai fait la connaissance d'une fille plutôt sympa, intéressante et ouverte samedi dernier à ***. Le genre de fille qui se ferait un plaisir de répondre au téléphone pour boire un café en bonne compagnie, tu ne sais pas ou je pourrais la trouver ? »

« Me voilà confronté à une situation plutôt délicate : j'ai rencontré une femme intéressante il y a quelques jours et elle ne répond pas au téléphone. Mon côté parano me pousserait à croire qu'elle évite mon appel mais je préfère me dire que comme nous avons passé un bon moment ensemble et que je lui laisse un message pour qu'elle puisse me rappeler et boire un verre en bonne compagnie elle me recontactera. »

« Hmm… t'avais plus de conversation la dernière fois ! Tu sais quoi faire… »

Vous l'aurez compris, ce ne sont pas les solutions qui manquent.

Le mot de la fin

Séduire au téléphone est presque un rituel de nos jours et il est aisé d'aller droit dans le mur. Avec de la pratique, vous trouverez une réelle satisfaction à faire la différence, à ses yeux (en commençant par ses oreilles).

Comment séduire grâce aux SMS ?

Dans cette partie vous allez apprendre comment obtenir un rendez-vous et gagner des points grâce aux échanges de textos. Nous avons vu préalablement que le téléphone était un outil primordial dans une phase de séduction. Il est évident que ces conseils ne sont pas destinés aux numéros pris sans accord ou obtenus via d'autres personnes. Si vous voulez le numéro d'une femme qui vous intéresse, abordez-la et tentez votre chance, mais n'utilisez jamais de subterfuges.

Dans les pages précédentes sur la séduction au téléphone, nous avons déconseillé l'utilisation des SMS pour plusieurs raisons :

- Susciter et conserver l'intérêt par texto demande de l'expérience.
- Mieux vaut se confronter au problème de la conversation téléphonique plutôt que de la fuir et ne rien apprendre.
- Avec l'expérience des conversations, vous développerez de bons réflexes.
- En affrontant vos peurs, vos doutes et vos incertitudes, vous vous connaîtrez mieux et serez plus sûr de vous.
- Les SMS, comme les appels téléphoniques, sont à double tranchant. Vous pouvez vous louper ou faire un sans-faute.
- Il vous faut une certaine connaissance des rapports hommes-femmes pour vous sentir à l'aise avec.
- Si vous êtes lourd et que vous formulez mal vos idées, son utilisation est inutile.

Nous considérons qu'après la compréhension et l'expérience de la séduction par téléphone, vous êtes maintenant apte à attaquer les textos. Si vous avez bien lu ce guide, vous savez que nous ne prônons jamais de règles intangibles et privilégions le contexte et la flexibilité. Nous faisons une entorse à ce code de conduite en ce qui concerne les textos. En effet, il existe des règles basiques à respecter, sous peine de perdre tout l'intérêt de votre cible.

Ne perdez pas de vue que vous pouvez donner le sens que vous souhaitez à votre texto : il peut être amusant, provoquant ou séduisant. Le but est qu'il soit différent. Une femme intéressante reçoit beaucoup de textos et elle a, par définition, des prétendants qui la bassinent avec des SMS comme :

- « Salut, comment vas-tu depuis le temps ? »
- « Je pense à toi. »
- « Bonne nuit, fais de beaux rêves. »

Servez-vous des textos comme d'un bon complément aux conversations téléphoniques, un outil supplémentaire qui vous aidera à créer de la complicité et de l'intérêt tout en restant ludique.

Règle n° 1 : N'écrivez jamais en langage texto

Écrivez en français et faites de jolies phrases, peu importe si le texto est plus long au final. Il faut autant privilégier la forme que le fond avec les SMS. C'est sûrement l'un des points les plus importants. Vous n'avez pas envie de passer pour un adolescent illettré, n'est-ce pas ?

Honnêtement, lequel de ces textos préférez-vous ?

- « Ca tdi 1 Kfé 2m1 ? »
- « On devrait aller boire un café demain, en terrasse face au soleil et aux pyramides du Louvre. »

Si vous pensez que cela va vous coûter cher, changez de forfait (ou de job). Cette première règle n'est pas négociable.

Règle n° 2 : Ne lui envoyez pas de texto pour lui proposer un premier rendez-vous

Lui envoyer un texto pour lui proposer un rendez-vous à défaut de l'appeler sera vu comme une lâcheté de votre part. Cela signifie que vous n'osez pas l'appeler. Prenez votre courage à deux mains et appelez-la si vous souhaitez lui proposer un rendez-vous. Il existe une exception : vous pouvez lui envoyer un texto juste après avoir eu son numéro de téléphone pour lui donner le vôtre, tout en profitant de cette occasion pour lui glisser une remarque fine de ce type :

- « C'est pas tous les jours qu'on rencontre une blondinette avec de si jolis talons. Tu as mon numéro maintenant. » Et signez de votre prénom.
- « Alors je sais que tu t'appelles ***, que tu as *** ans et que tu aimes le chocolat mais est-ce que tu connais mon prénom au moins ? » Cette fois-ci ne signez pas de votre prénom, cela peut être un bon prétexte à de nouveaux échanges de textos.

Règle n° 3 : N'envoyez pas d'autre texto si elle n'a pas répondu aux précédents

Cela peut vous paraître évident en faisant cette lecture à froid, mais la tentation de la bombarder de textos viendra vite, en cas d'absence de réponse. Si elle ne répond pas, il y a 80 % de chances qu'elle n'en ait pas envie et qu'elle ne soit pas intéressée. Dans ce cas, vous connaissez la règle : patientez ou passez à autre chose. Vous pouvez éventuellement essayer de la taquiner avec un autre texto après une période d'absence mais les chances de réussite sont faibles.

À faire :

- « Tu as mangé ton téléphone portable ? »
- « Tu as déménagé dans une grotte récemment ? »

À ne pas faire :

- « Je ne comprends pas ton silence ! »
- « Pourquoi tu ne me réponds pas ? »

Règle n° 4 : Ne lui répondez pas tout de suite

Faites-la languir un peu, la séduction est un jeu du chat et de la souris. Cependant, modérez ce conseil, ne mettez pas deux jours à lui répondre si elle vous propose de vous revoir rapidement : il faut battre le fer quand il est encore chaud. Ce conseil ne s'applique pas non plus quand vous rentrez dans un jeu de repartie avec votre cible. Un échange rapide de plusieurs textos pourra renforcer votre complicité et donc son niveau d'intérêt vous concernant. Cependant ne faites jamais trop traîner ce genre de jeu, votre téléphone n'est pas un service de *chat* et vous êtes censé être un homme occupé.

Règle n° 5 : Ne répondez pas à tous ses textos

Faites-la patienter un minimum, ne répondez pas à tous ses textos même si vous en avez envie. C'est une manière de communiquer que vous avez l'habitude de recevoir des SMS et que parfois vous supposez que certains ne nécessitent pas de réponse. Si vous n'avez aucune idée du ratio à respecter, disons que vous répondrez à un texto sur deux. Si son texto est une question, il vaut évidemment mieux répondre.

Règle n° 6 : Ne soyez pas vulgaire

L'écueil à éviter est d'écrire ce que l'on n'ose pas dire. Dans ce cas, la vulgarité est très tentante. Calmez vos ardeurs : il s'agirait d'une erreur fatale. Ne parlez pas de sexe et n'utilisez pas d'insultes. En revanche, abusez des sous-entendus de bon goût. Utilisez des saveurs, des parfums, et votre imagination pour parler des désirs mutuels. Ne passez pas non plus votre temps à la poésie d'amateur, votre cible veut s'amuser.

À ne pas faire :

- « Hmmm, tu as un joli cul quand même, c'est pareil pour le haut ? »
- « Merci d'ensoleiller cette triste journée d'hiver, belle hirondelle de printemps. »

Règle n° 7 : Soyez léger, distrayant, différent
Ces mots-clés apparaissent souvent dans ce guide. Nous insistons sur ces points car ils sont primordiaux. La lecture d'un de vos textos doit éveiller un sourire chez votre cible. C'est votre objectif. Soyez léger là où vos concurrents seront lourds. Soyez distrayant là où vos concurrents seront ennuyeux. Enfin soyez différent là où vos concurrents seront banals.

Elle : « Tu confirmes pour notre rendez-vous de demain ? »

Vous : « C'est effectivement mon dernier mot Jean-Pierre. »

Elle : « Très bon choix dans ce cas, c'est le million assuré. Et vous m'emmenez où Raymonde ? »

Vous : « C'est un secret… »

Elle : « Un indice ! Je dois être en robe ou en jean ? »

Vous : « Mon cœur balance, tu me proposes quoi ? »

Elle : « Hmmm… La robe ! ou le jean. Je vais arrêter de faire ma fille et je verrai demain. Bisou ! »

Vous : « En tout cas, talons obligatoires. »

Elle : « Tu es vicieux ou c'est à cause de nos 25 cm de différence ? »

Vous : « Les deux. »

Elle : « Hihi ☺ »

Règle n° 8 : Mettez de la vie dans vos textos
Écrivez un texto comme vous écririez un texte : utilisez la ponctuation, les points d'exclamations (jamais plus d'un !) et même les smileys (les plus simples ☺, ☹ et ☺ suffisent) pour argumenter votre texto. Vous donnerez ainsi vie et animation à la froideur du message. Transformez la banalité du texto en petit plaisir pour votre cible.

Règle n° 9 : Détournez ses messages
Ou, autrement dit, ayez de la repartie. Amusez-vous avec ses textos et ses réponses. Si elle vous pose une question factuelle, répondez avec émotion (mais jamais l'inverse). Si elle utilise un mot facile à détourner de sa signification, faites-le.

Règle n° 10 : Utilisez le bon timing

Ne la bombardez pas de textos si vous savez qu'elle est en rendez-vous important. Ne lui envoyez pas non plus des messages si elle traverse un moment difficile et n'insistez pas si elle ne semble pas avoir l'esprit à ça. Préférez justement l'appeler pour la réconforter ou lui faire oublier un moment désagréable, c'est là tout l'intérêt d'avoir une vraie personne au bout du fil. Le SMS est une arme de flirt, la conversation téléphonique est une arme de séduction.

Bonus SMS : comment nettoyer intelligemment son répertoire téléphonique ?

Après quelques années de séduction active, arrive le moment où le répertoire est rempli de numéros de femmes avec qui la situation est floue.

Pour mettre fin à ce flou et pour réorganiser efficacement votre répertoire, envoyez ce texto :

- « Salut, j'étais en train de refaire ma liste de contacts et je me demandais si ça valait la peine de garder ton numéro. »

  Ou en version plus soft :

- « Salut, j'étais en train de refaire ma liste de contacts et je me demandais ce que tu devenais. »

  Ou en version plus personnalisée :

- « Salut, j'étais en train de refaire ma liste de contacts, je suis tombé sur toi. Du coup je me suis demandé si tu étais toujours aussi fan de chocolat noir* ? » (* À remplacer par l'addiction favorite de la personne, une activité ou un trait de caractère.)

  Dans 80 % des cas elles répondront, vous pouvez donc supprimer les 20 % restantes.

  Concernant les réponses :

- Supprimez celles qui répondent négativement (attention à bien différencier tests et réponses vraiment négatives).
- Proposez un rendez-vous à celles qui répondront positivement. Vous pouvez réessayer de séduire celles qui vous intéressent et convertir les autres en contacts ou amies.

Comment rappeler :
les points essentiels à retenir

Appelez en fonction de la qualité du rapport précédent : une première rencontre courte nécessite un appel rapide (avant 3 jours) ; une première rencontre plus longue vous permet de la rappeler un peu plus tard (entre 3 et 5 jours maximum).

- N'appelez jamais par obligation, ne vous mettez pas la pression et soyez chaleureux.
- Commencez la conversation par un ancrage, cela peut être un surnom donné auparavant ou un élément qui lui rappellera instantanément votre rencontre.
- Intéressez-vous réellement à elle en lui posant des questions générales et originales sur sa vie (ses passions par exemple) sans tomber dans le style du questionnaire digne du FBI ou de l'entretien de recrutement.
- Ne lui demandez pas quand elle sera libre : proposez-lui plutôt le choix (illusoire) entre vous voir le jour X et le jour Y.
- Si elle ne répond pas au téléphone, ne laissez pas de message. Rappelez plus tard.
- Si après plusieurs tentatives espacées sur plusieurs jours elle ne répond pas, laissez un message court de « teasing ». Notez qu'à ce stade il y a peu de chance qu'elle vous recontacte.
- Les textos sont à réserver une fois que vous l'avez eue au téléphone. Ils vous permettent d'ajouter un peu de tension sexuelle. À manier avec parcimonie.
- Ne répondez qu'au textos qui nécessitent une réponse, pour le reste préférez l'appel.

Comment réussir un premier rendez-vous ?

Dans cette partie du guide, nous allons explorer une étape-clé dans l'évolution de votre rapport avec une femme : le fameux rendez-vous en tête-à-tête ou *date* pour les plus bilingues d'entre vous. Une *date* c'est le moment ou vous aller revoir votre cible dans un contexte clair de séduction. Une femme qui accepte de boire un verre avec vous doit clairement comprendre qu'il s'agit d'une rencontre orientée séduction. Cela ne l'oblige pas pour autant à accepter ce rapport complètement. Elle a accepté ce rendez-vous pour que vous puissiez confirmer ses attentes d'un point de vue relationnel et pour qu'elle puisse évidemment confirmer les vôtres. Que ce soit dans une optique de relation légère ou sérieuse vous devez continuer votre rapport comme il a commencé. Elle a accepté de vous revoir en tête-à-tête, votre objectif est donc simplement de ne pas vous planter ! Vous avez déjà fait la moitié du chemin, il suffit d'éviter quelques écueils pour pouvoir transformer l'essai.

5 bonnes pensées pour réussir votre rendez-vous

À ce stade de lecture et de pratique, et avant d'aller plus loin, vous devez être capable de citer dix bonnes pensées en séduction. Cela peut concerner l'état d'esprit de la séduction, votre personnalité ou encore un aspect plus pragmatique. Cela doit avoir un rapport avec la motivation et la vision positive que vous devez avoir dans un rapport de séduction. Une fois que vous avez ces dix éléments, continuez votre lecture et comparez vos résultats aux exemples que je vous donne ici. Ces cinq points sont à mes yeux des fondamentaux pour envisager un rendez-vous sous le bon état d'esprit. Il est tout à fait possible d'ajouter d'autres points, mais je vous donne ici l'essentiel pour réussir.

1. Ce n'est pas elle qui me choisit mais l'inverse

Vous n'êtes pas son laquais et le fait de la voir en tête-à-tête n'a rien d'une expérience hors du commun. Vous avez conscience de votre valeur et vous assumez cette idée en vous comportant comme tel. Ainsi vous ne devez pas agir en fonction d'elle. Assumez vos idées, assumez le fait de la contredire ou d'affirmer vos valeurs. Une femme n'appréciera pas de vous voir agir en fonction de sa validation. Elle voudra du répondant, du mordant et de la tension. Vous devez lui faire comprendre qu'elle a tout à gagner à sortir avec vous. Vous êtes différent des autres. Vous êtes un homme qui a des standards et qui a le choix de dire oui ou non. Soyez celui qui choisit et pas celui qui est choisi. Ne vous mettez pas à la place du candidat qui subit un entretien d'embauche mais mettez-vous à la place de l'examinateur qui fait son choix pour recruter la bonne personne.

2. Je suis là pour m'amuser/le résultat m'importe peu

L'objectif principal de ce rendez-vous sera de passer un moment agréable avec la fille. Apprendre à la connaître, partager vos histoires respectives et profiter de l'instant présent. Vous ne devez pas à chaque détour de phrase penser au résultat que vous voulez obtenir. Certes vous souhaitez aller plus loin avec cette femme et vous ne devez pas l'oublier mais c'est surtout en vous comportant comme si l'issue n'était pas déterminante que vous aurez le plus de chances d'y arriver. Pour vous, cela permettra de dédramatiser l'importance du tête-à-tête, et pour elle cela lui permettra de ne ressentir aucune pression. Elle pourra ainsi réellement apprécier ce moment à deux et aller plus loin sans vraiment y réfléchir quand le moment sera propice.

3. J'affirme mes valeurs

En tête-à-tête vous devez montrer que vous avez une personnalité différente des autres et que vous assumez vos valeurs. Ainsi vous ne serez pas le genre d'homme à dire « oui » à tout ou à modifier ce que vous pensez vraiment dans le but de plaire à la fille. C'est une manière de faire tout à fait contre-productive qui aura pour conséquence de casser la dynamique de séduction. Il ne faut pas hésiter à lui dire « non », que ce soit pour la taquiner ou affirmer vraiment une valeur opposée à la sienne. Attention à ne pas entrer dans une dynamique de conflit, le but est avant tout de montrer que vous avez du répondant et pas que vous êtes un abruti borné. C'est une façon d'affirmer votre valeur d'homme qui ne fait pas tout pour obtenir l'approbation d'une femme.

4. Je démontre des valeurs supérieures

Rappelez-vous du chapitre « Les 10 caractéristiques qui attirent les femmes » page 18. C'est le moment de véhiculer ces valeurs de manière fine et intelligente. Ne faites pas un listing bête de vos attributs, c'est une manière vantarde et inélégante de procéder. Vous devez raconter une histoire ou faire des références qui mettent en avant chacune de ces caractéristiques. Par exemple, vous pouvez lui raconter comment vous avez dû vous débattre un soir en club avec une femme qui vous suivait désespérément pour vous embrasser. Le fait de lui dire que vous avez refusé montre deux choses : vous avez du succès et vous êtes exigeant. Vous êtes donc présélectionné. Ainsi elle saura que vous êtes prêt à passer à autre chose rapidement si cela ne marche pas avec elle. Vous avez une vie suffisamment riche en opportunités de rencontres pour proposer un rendez-vous à d'autres femmes et ainsi trouver celle qui vous conviendra.

5. J'assume le rapport

Soyons bien clairs, vous lui avez proposé un rendez-vous en tête-à-tête. Il s'agit d'une *date* et donc d'un rapport de séduction. Si la situation est un peu floue vous devez montrer que vous êtes tous les deux dans un rapport de flirt et de relation potentielle. Si elle vous teste sur la nature de vos intentions ou sur la nature de ce rendez-vous, affirmez-vous sans rougir. Mieux vaut assumer clairement le rapport plutôt que de perdre du temps avec une femme qui ne conçoit pas ce rendez-vous sous le même angle. Assumer un rapport de séduction ne signifie pas pour autant que l'issue est déterminée. Vous pouvez réussir ou échouer. Elle peut continuer à vous plaire ou vous déplaire. Vous devrez alors lui faire comprendre que vous n'êtes pas disponible pour une relation, pour le moment. C'est une manière fine de lui faire comprendre les choses. Dans certains cas il vaut mieux gagner une bonne amie plutôt qu'une relation désastreuse.

6 bonnes attitudes pour réussir votre rendez-vous

Comme nous l'avons vu auparavant, la logistique joue un rôle important dans le bon déroulement de votre rendez-vous. Vous êtes dans une démarche proactive, c'est donc à vous de proposer ce rendez-vous et de vous organiser pour qu'il se déroule le mieux possible. Ainsi vous allez faire en sorte de regrouper des éléments qui vous permettront d'avancer sans encombre et de façon naturelle avec votre cible. Voici quelques clés qui vous aideront dans votre démarche ; combinées aux bonnes pensées que je viens de vous donner sur l'état d'esprit à avoir en rendez-vous, vous serez capable de vraiment séduire une femme en tête-à-tête.

1. Soyez maître de l'interaction

Vous serez rarement invité par une femme la première fois. C'est à vous de proposer un rendez-vous. À partir du moment où vous abordez une femme qui vous intéresse, vous devez mener la danse et c'est à elle de vous accompagner si elle est intéressée. Lorsque vous invitez une femme à un tête-à-tête, vous devez avoir une idée du programme de la journée ou de la soirée. Vous devez même imaginer un « plan B » en cas d'imprévu. Vous devez décider de l'heure du rendez-vous en lui laissant un second choix si elle ne peut pas se libérer pour le premier horaire. C'est également à vous de décider quand vous allez quitter le bar pour aller ailleurs. Vous devez aussi décider du moment où vous la ramènerez chez vous et où vous irez plus loin avec elle. Vous devez être sûr de vous, rassurant et confiant pour qu'elle puisse s'abandonner à vous sans crainte d'être jugée ou de mal s'y prendre. Coucher avec vous doit être une suite logique dans son esprit, quelque chose de tout à fait naturel qu'elle assume et qu'elle désire.

2. Choisissez le bon lieu

Choisissez toujours un lieu où vous êtes à l'aise. Dans l'idéal, ce lieu doit aussi permettre à votre cible de ressentir la même chose. Si vous êtes d'un milieu plutôt bourgeois et qu'elle est plutôt simple, évitez pour votre premier rendez-vous de l'emmener dans le bar d'un palace parisien, vous pourrez lui faire découvrir cela plus tard. L'objectif numéro un de ce premier rendez-vous est qu'elle soit à l'aise à vos côtés. Choisissez donc un lieu à la fois intimiste et confortable. Si vous désirez vraiment aller plus loin avec elle, je vous conseille de choisir un lieu proche de chez vous. Vous pourrez ainsi vous y rendre facilement après le rendez-vous sous prétexte de lui montrer quelque chose ou plus simplement de regarder un film que vous aimez beaucoup. Il existe une méthode peu conventionnelle mais qui est étonnamment efficace. Elle consiste à vous rendre chez vous avec elle sans rien dire de particulier. Si elle demande où vous allez, dites-lui simplement que vous allez chez vous. Une femme sait pertinemment ce que vous avez en tête, faites simplement en sorte de rendre ça très léger et peu engageant pour elle. Faites-lui comprendre qu'elle n'est obligée à rien et que vous allez simplement vous poser chez vous.

3. Organisez un parcours

Plus vous ferez d'activités, plus vous varierez les lieux et plus vous aurez tous les deux la sensation de vivre des choses fortes. Idéalement, commencez par aller boire un verre dans un café, puis proposez-lui d'aller dîner dans un restaurant simple du type sushi (pas de dîner aux chandelles !), pour finir par prendre un dernier verre dans un bar ou un club. Vous allez ainsi créer l'impression que vous avez fait beaucoup de choses ensemble. Cette manière de faire est beaucoup plus efficace que de la voir trois fois dans un seul lieu à des intervalles irréguliers. Vous devez faire en sorte de créer une connexion spéciale entre vous deux. Évitez la séance de cinéma au premier rendez-vous, ce n'est pas un lieu propice pour créer une connexion. En effet, pendant le film vous n'aurez que très peu d'occasions de lui glisser quelque chose à l'oreille ou d'initier un contact physique. Les mains qui se frôlent comme vous le faisiez au collège, c'est vieux jeu et peu efficace.

4. Adaptez-vous

En rendez-vous, vous devez vous adapter à la personne que vous invitez et à la configuration du lieu. S'il s'agit d'une femme un peu timide vous devez y aller doucement et jouer sur votre côté rassurant. Elle aura besoin de se sentir en sécurité avec vous. Elle ne veut pas être simplement vue comme une coucherie potentielle, elle veut être avant tout appréciée pour ce qu'elle est. En revanche, si vous avez un rendez-vous avec une femme qui assume totalement son désir et qui n'attend que de finir au lit avec vous, vous pouvez écourter votre parcours pour aller directement chez vous. Elle n'en sera que plus ravie. En ce qui concerne la configuration du lieu, vous devez faire en sorte de créer de la proximité entre vous. Privilégiez donc un cadre tamisé où vous pourrez vous installer côte à côte, ce qui sera plus efficace que face à face.

5. N'occultez pas son avis

Pendant votre rendez-vous, une femme vous enverra plusieurs signaux. Vous saurez ainsi si elle est intéressée, si elle est mal à l'aise ou si elle n'est pas du tout intéressée par ce que vous dites. En ce sens, vous ne devez pas dérouler un plan et des sujets de discussion prévus à l'avance dans le but de la séduire. Vous devez avant tout construire un rapport à deux et vous intéresser à ce qu'elle dit. Faites-la parler le plus possible, intéressez-vous vraiment et lisez dans les signes qu'elle vous envoie pour savoir où vous en êtes. Mais ne prenez pas tout ce qu'elle dit au pied de la lettre, les femmes aiment nous tester et vous devrez avoir du répondant pour passer ces tests. Analysez un minimum ses réactions et vivez votre rapport à fond en l'orientant dans un sens commun de séduction.

6. Restez mystérieux et jouez avec l'effet de surprise

Le parcours que vous aurez préalablement organisé sera une surprise pour elle. Vous pouvez éventuellement la prévenir par téléphone qu'elle doit se libérer toute la soirée car vous avez prévu d'autres activités mais ne lui en dites pas plus. C'est au moment du rendez-vous que vous pourrez mettre en application votre parcours et lui faire découvrir des choses comme votre restaurant japonais préféré, ou le cocktail que vous aimez prendre dans ce bar de quartier vraiment agréable. Vous devez la faire entrer dans votre monde qui est un univers plein de surprises et de mystère. Apprenez-lui des choses sur vous qui sortent de l'ordinaire et qui vous mettent en avant, par exemple quelque chose d'incroyable que vous avez fait dans votre vie et parlez-en comme si c'était tout à fait normal. Plus généralement ne vous dévoilez que peu à peu. Entretenir le mystère est une manière très efficace de séduire une femme et de susciter le désir.

Comment créer une véritable connexion ?

C'est la question que tout homme se pose lorsqu'il fréquente une femme qui lui plaît vraiment. Comment lui plaire et faire la différence avec tous ceux qu'elle à connus auparavant ? Vous avez communiqué dès votre approche une personnalité atypique. En effet peu d'hommes savent correctement aborder une femme et encore moins avec légèreté. En l'appelant pour lui proposer un rendez-vous, vous avez également su faire la différence avec les hommes qui sont mal à l'aise au téléphone et qui du coup arrivent à en être stressants et ennuyants. L'étape du rendez-vous est donc celle qui va confirmer la perception positive qu'elle à de vous. Il suffira maintenant de créer une bulle d'intimité vous liant tous les deux. En mettant en place un cadre où elle se sentira bien à vos côtés, vous construirez les fondements pour créer cette connexion si particulière. Je vais maintenant vous donner la structure qui vous permettra de réaliser cet objectif.

Avant de commencer. Posez-vous la question de savoir combien de temps seriez-vous prêt à l'attendre pour votre premier rendez-vous ? La réponse à cette question permettra de jauger le niveau d'intérêt entre vous deux. En effet, si votre cible se permet d'arriver avec un retard non justifié sans vous prévenir, il y a des chances pour que cette marque d'irrespect traduise un intérêt moyen à votre égard. Si au contraire elle est parfaitement à l'heure et tout à fait apprêtée, il y a de fortes chances pour que son niveau d'intérêt soit haut. Dans un chapitre précédent je vous expliquais que vous deviez vous respecter vous-même. De ce fait, n'attendez votre élue que vingt minutes maximum. Au-delà c'est un véritable manque de respect que vous ne devez pas tolérer.

Programmez mais ne prévoyez pas. Je vous expliquais plus haut dans ce chapitre que vous deviez mettre au point un programme pour créer plusieurs souvenirs entre vous assez rapidement. Cela vous permet de créer une connexion de manière efficace tout en passant un moment particulièrement agréable. Vous ne devez pas pour autant prévoir en détail ce qui se passera pendant votre rencontre. En effet, il existe une différence fondamentale entre programmer une soirée (lieux, activités, horaires...) et prévoir ce qui se passera pendant cette soirée (à quelle heure vous lui ferez une blague, à quel moment vous allez l'embrasser...). Vous ne devez pas le faire car vous ne seriez plus naturel pendant le rendez-vous. Vous serez également stressé à l'idée de vous demander quand les choses se feront. Bref, vous devez vivre votre rendez-vous de façon décontractée et profiter de l'instant pour mieux débloquer les différentes étapes.

***Storytelling* et petite conversation.** Un des points-clés de votre rendez-vous sera l'intensité de vos conversations. En effet, vous devez être capable de raconter vos histoires et de vous intéresser aux siennes. L'art de créer ces conversations s'appelle le *storytelling*. Il s'agit de raconter une histoire avec entrain, rythme et imagination à l'image des histoires qu'on vous racontait quand vous étiez enfant le soir avant de vous coucher. Il n'y a rien de plus ennuyeux qu'un homme qui raconte une histoire banale sur un ton ennuyant. Votre histoire doit être racontée avec une structure qui mêle suspens, surprise, tension et humour. Elle ne doit pas nécessairement être compliquée ou hors du commun. Une histoire simple peut faire l'affaire si elle est bien racontée. Nous avons tous vécu des moments forts en émotions. Vous devez apprendre à les raconter pour partager un moment de votre vie avec la femme que vous désirez. Cela lui permettra de mieux vous connaître et de cerner quelques traits de votre personnalité. C'est aussi une manière fine de montrer vos caractéristiques et valeurs supérieures. C'est un passage primordial pour qu'elle s'intéresse et s'investisse. C'est aussi une manière efficace de créer de la distraction et de l'amener dans votre bulle, loin de la lourdeur de certains aspects contraignants de la vie. Ne restez pas focalisé sur ces histoires non plus. Elles sont importantes mais votre rendez-vous ne doit pas être une succession de pièces de théâtre. Il faut savoir changer de registre et parler de sujets de la vie de tous les jours. C'est l'art de la petite conversation. C'est généralement celle qui vient en premier lieu avant la phase de *storytelling*. Pour développer vos capacités dans l'art du *storytelling* et de la petite conversation, je vous encourage à vous pencher sur des lectures spécialisées ou, pourquoi pas, d'envisager un stage de théâtre si vous en ressentez le besoin.

Guidez-la. Je vous l'ai souvent répété dans ce livre, notamment avec l'exemple du rapport assumé : vous devez mener la barque. Une femme que vous abordez dans la rue, par exemple, peut ne pas être à l'aise à l'idée de vous revoir. En effet, l'éducation et la pression sociale poussent les femmes à se méfier même si elles sont intéressées. Vous devez donc lui montrer que vous être un homme comme les autres (mais en mieux) qui sait simplement aller au-delà des conventions établies. Vous êtes capable d'adresser la parole à des inconnues et d'être à l'aise en toutes circonstances. Vous devez aussi la rassurer sur le fait que vous n'êtes pas un dragueur en série et que vous êtes un homme exigeant. Le but est de lui montrer qu'elle n'est pas comme les autres et que vous vous intéressez vraiment à elle. Vous devez aussi prendre les devants pour montrer votre statut d'homme affirmé et également parce que c'est à vous d'assumer pour elle. Une des peurs les plus importantes pour une femme est d'être jugée sur sa sexualité. Elle peut avoir peur de passer pour une fille facile. Vous devez lui montrer qu'aller plus loin avec vous est une suite logique et qu'elle peut le faire en toute sécurité, sans jugement.

Jouez avec votre regard. Le regard est un élément essentiel en séduction, et plus encore en tête-à-tête où aucun autre élément n'entre en jeu. Ne la regardez pas comme un merlan frit ou comme un enfant qui contemple son jouet de noël. Soyez un homme et assumez un regard séduisant. Essayez de jouer avec votre regard en alternant curiosité, mystère, jovialité, envie de jouer, sociabilité… Votre regard fait partie de votre langage corporel, il doit accompagner vos expressions. Vous devez faire passer des émotions simplement avec votre regard. Au cours de vos discussions, n'hésitez pas à ajouter un petit sourire pour appuyer votre regard. C'est une bonne façon de tester la réaction de votre cible. Elle peut rougir, vous sourire en retour ou être totalement indifférente. Dans ce troisième cas, cela indique que son niveau d'intérêt est assez bas et qu'il va falloir comprendre pourquoi, afin de modifier votre façon de faire. Si votre élue porte un beau décolleté, évitez de le regarder sans arrêt, même si c'est tentant. Une femme sera ravie de voir que vous y avez jeté un coup d'œil discret (un décolleté n'est jamais là par hasard…) mais n'appréciera pas que vous soyez obnubilé par ce dernier. Regardez-la donc toujours dans les yeux et pas ailleurs, pour le moment.

Communiquez émotionnel et non factuel. La première erreur que font les hommes quand ils tentent de séduire une femme est de rester dans un registre purement factuel. Comme je l'expliquais dans le chapitre « L'esprit joueur » (page 35), vous devez nécessairement être dans un registre émotionnel pour séduire. Vous devez donc créer des réactions émotionnelles comme le rire, la joie et même la jalousie… Vous devez aussi être capable de comprendre ses émotions pour savoir ce qu'elle ressent et ainsi être en phase avec elle. Une femme qui sort du travail pour vous rejoindre n'a pas envie de passer des heures à parler de boulot. Pour peu qu'elle soit mignonne, votre cible sera convoitée. Tous les jours elle subit les tentatives maladroites de vos concurrents qui la fatiguent avec leur point de vue sur la nouvelle version des logiciels de l'entreprise. Vous devez être celui qui lui fait oublier tous les aspects ennuyeux de sa vie. Vous devez être l'homme qui comprend sa façon de penser et d'agir. Vous devez être celui avec qui elle voudrait passer la plupart de son temps. Vous devez être sa bouffée d'air frais dans son monde étouffant. Votre langage corporel, votre voix ou encore votre regard joueront des rôles-clés dans cette communication émotionnelle.

Utilisez des ancrages. Dans la partie sur les conversations téléphoniques je vous encourageais à utiliser des ancrages pour lui rappeler des instants agréables vous concernant. Utiliser ces ancrages en rendez-vous peut aussi se révéler une excellente stratégie. En effet, plus vous personnaliserez votre rapport avec des surnoms ou des histoires vécues ensemble, et plus vous rendrez votre rapport unique. L'ancrage joue un rôle très important dans la phase de connexion. Il existe aussi un autre moyen de créer des ancrages : votre personnalité elle-même peut être un ancrage. Votre style, votre parfum et votre façon de parler peuvent la marquer et elle s'en souviendra longtemps. Lorsqu'elle ira chez vous pour la première fois, le fait que votre appartement dégage la même odeur que vous, pourra la faire se sentir à l'aise. Si vous aimez une musique en commun, passer cette musique à ce moment-là pourra également créer un ancrage positif. L'ancrage est un élément qui peut arriver tout à fait naturellement. La plupart des personnes vivent ces moments sans savoir précisément ce dont il s'agit. Attention tout de même à ne pas tomber dans une stratégie machiavélique en essayant de créer des ancrages à n'importe quel prix, vous passeriez pour un homme bizarre. Ils doivent arriver naturellement tout en suivant le cours de votre rapport.

N'essayez pas d'en faire trop. N'oubliez pas que vous avez suffisamment de valeur pour lui apporter quelque chose de différent. Il est donc inutile d'en faire des tonnes pour essayer de lui plaire. Plus vous en ferez et moins vous avancerez. En effet, elle doit sentir que vous êtes à l'aise en sa compagnie et que vous prenez le temps de profiter de ce moment. Vous n'êtes pas le genre d'homme qui compense son manque de confiance en lui par des actes superficiels ou superflus. Une femme qui accepte un rendez-vous est une femme qui est un minimum intéressée. Il est donc vain d'en rajouter par peur de ne pas être à la hauteur. Une femme veut sentir un homme confiant, capable de lui faire vivre un instant unique. Elle ne veut pas boire un verre avec un homme qui se demande toujours pourquoi elle a accepté ce rendez-vous. Une femme ne peut se sentir valorisée que par un homme qui a conscience de sa propre valeur. En effet, il est difficile d'estimer le point de vue d'un homme qui ne s'estime pas lui-même.

Servez-vous des blancs. Un « blanc » dans une conversation est un moment de silence entre plusieurs personnes. C'est une hantise pour la plupart des hommes. Ils tentent donc de combler ces blancs par des sujets inintéressants ou des réflexions banales sur l'environnement qui les entourent comme : « Il ne fait pas très beau aujourd'hui, hein ? » Cela montre clairement de l'anxiété et un manque de confiance en soi. Ces hommes ne sont donc pas dans un registre de séduction. Vous devez au contraire considérer que ces blancs sont des bonnes occasions pour tester la température. Ils permettent tout d'abord de voir si votre cible va relancer la conversation en vous posant une question. Faites le test et à la fin d'une de vos répliques arrêtez-vous de parler de façon posée et assurée. Si elle vous relance, c'est qu'elle est intéressée par votre conversation. Enfin, le blanc permet aussi de mesurer la tension sexuelle qui existe entre vous deux. Faites le même test sauf qu'au lieu d'attendre une réponse en regardant à droite ou à gauche, regardez la intensément dans les yeux et observez sa réaction. Si elle rougit, détourne le regard, sourit, rit, c'est qu'il existe une forte tension entre vous deux. Si au contraire cela la laisse de marbre, vous pouvez continuer à travailler votre rapport car la tension sexuelle n'est pas encore au rendez-vous.

Dégagez du confort. En tête-à-tête, une femme doit se sentir bien avec vous. Elle doit à la fois être attirée et se sentir en sécurité. Elle ne peut se laisser aller que si elle voit que vous n'êtes pas un homme bizarre qui peut lui faire un mauvais coup. Cet élément de confort est essentiel dans une potentielle relation. En effet, un homme très attirant et qui ne dégage rien d'autre peut être vu uniquement au travers de cette caractéristique. Une femme pourra donc se dire qu'il est inutile d'envisager une relation avec cet homme car il doit avoir un succès fou et enchaîner les conquêtes, ce qui est peu rassurant dans un couple. Cet homme devra dégager une notion de confort s'il veut envisager une relation qui dépasse le stade de la légèreté. En revanche, les hommes qui ne dégagent aucune tension sexuelle mais qui véhiculent une forte dimension de confort finissent souvent comme les meilleurs amis... Dans ce cas, la difficulté esr plus grande car l'homme est vu comme asexué. C'est un des principes du meilleur ami : elle peut se confier et tout dire sans ambiguïté.

3 jeux pour créer facilement une dynamique de complicité

Il existe des petits jeux qu'il est facile d'utiliser en tête-à-tête ou en groupe pour créer du dynamisme et de la complicité avec votre cible. L'avantage avec ces derniers, c'est que peu d'hommes proposent ce genre de choses en rendez-vous tant ils sont sous pression. Un homme capable de proposer des petits jeux est un homme qui a compris qu'une femme aime s'amuser surtout dans des moments où la tension est haute. Parmi tous les jeux possibles et imaginables je vais vous en proposer trois très simples à réaliser. Vous pourrez les maîtriser rapidement après deux ou trois essais. Le déroulement d'un jeu peut prendre entre cinq et trente minutes en fonction du nombre de personnes qui jouent et les histoires que vous allez proposer autour.

Le jeu des 5 questions

Ce jeu peut se faire lors d'un rendez-vous à deux. Vous pouvez aussi le faire avec un groupe à condition de proposer ce jeu qu'à une seule personne à la fois sans que les autres entendent ce qu'il se passe sinon vous ne pourrez pas le faire aux autres. Ce jeu consiste à poser 5 questions à votre interlocutrice en lui demandant de répondre faux à ces 5 questions. Si elle y arrive elle gagne le jeu et pourra vous donner un gage. Si elle n'arrive pas à répondre faux à ces 5 questions, c'est vous qui pourrez lui donner un gage (de préférence un massage ou un acte pouvant vous rapprocher physiquement). Elle se doutera qu'il y a un piège quelque part car il est très simple de répondre faux à des questions. Vous devrez donc être un bon comédien pour la réussite de ce jeu. Posez 5 questions faciles de ce type :

« Comment je m'appelle ? » Là elle doit dire n'importe quel prénom sauf le vôtre. Facile non ?

« Comment tu t'appelles ? » Par exemple si elle s'appelle Justine, elle doit donner un autre prénom que le sien comme « Coralie ».

« Dans quelle ville sommes-nous ? » Si vous êtes à Paris, elle peut répondre « New York » ou « Madrid » du moment qu'elle ne dit pas « Paris », elle gagne.

Vous avez compris le concept ? À ce stade, elle va penser gagner rapidement et facilement. Elle est en confiance et baissera sa garde. Maintenant vous allez corser le jeu avec des questions qui ne paraîtront pas faire partie du jeu et ainsi outrepasser sa vigilance pour gagner.

À partir de la quatrième question, vous allez mettre en place un piège avec votre meilleur jeu d'acteur comme si vous n'étiez plus en train de jouer :

« Mais attends… je me suis embrouillé là… on en est à quelle question déjà ? »

Il y a 50 % de chances qu'elle tombe dans le panneau, mais si elle tient toujours, redoublez d'efforts pour paraître naturel et hors du jeu pour lui poser la dernière question qui lui sera fatale dans les 90 % du temps :

« Ah OK, je vois… en fait tu as déjà joué à ce jeu-là, c'est ça ? »

Vous voilà l'heureux bénéficiaire d'un futur massage donné par une jolie jeune femme. Si vous avez perdu dites-vous que vous n'avez pas vraiment perdu et que si elle est intéressée par vous elle fera en sorte de trouver un gage suffisamment gratifiant pour vous deux…

Le SALAPA

Plusieurs personnes peuvent participer à ce jeu. Il est d'ailleurs conseillé de l'utiliser dans un groupe pour entraîner tout le monde dans une bonne dynamique et ainsi être vraiment accepté par ce groupe. Vous devez avoir une bonne dose d'humour et de repartie pour que ce jeu soit une réussite totale. Prenez une feuille et un stylo et marquez sur le papier les six lettres du mot SALAPA à la verticale :

S
A
L
A
P
A

Demandez à chaque participant (de préférence des filles) d'écrire un nom d'animal commençant par chacune des lettres proposées :

S	Serpent
A	Araignée
L	Lapin
A	Asticot
P	Pintade
A	Alligator

Demandez-leur ensuite de trouver un adjectif qui correspond à ces noms d'animaux et marquez-les dans une deuxième colonne de cette manière :

S	Serpent	Rampant
A	Araignée	Effrayante
L	Lapin	Rapide
A	Asticot	Collant
P	Pintade	Grosse
A	Alligator	Mordant

Maintenant, arrive le moment où vous allez dévoiler le sens du mot SALAPA et ce que signifient toutes les réponses que les participants viennent de donner. Chaque lettre décrit un environnement social. Le nom d'animal et l'adjectif servent à définir la manière dont le participant du jeu se comporte dans ces différents environnements sociaux. C'est à ce moment qu'il va falloir être joueur pour faire rire la galerie :

S signifie « Société » ou comment tu te comportes en société.

A signifie « Autres » ou comment tu te comportes avec les autres.

L signifie « Lit » ou comment tu te comportes au lit.

A signifie « Avant l'acte » ou comment tu te comportes avant de faire l'amour.

P signifie « Pendant l'acte » ou comment tu te comportes pendant que tu fais l'amour.

A signifie « Après l'acte » ou comment tu te comportes après l'acte.

Vous pouvez maintenant faire la lecture publique du comportement des différents participants en grossissant le trait. C'est souvent très drôle quand vous savez doser provocation et légèreté. N'oubliez pas de préciser qu'il s'agit avant tout d'un jeu au cas où certains pourraient se poser la question. Procédez de cette manière pour lire les résultats :

« Alors en société tu es… rampant ! Ah bravo ! ce n'est pas comme ça que tu vas avancer dans ta carrière… Avec les autres tu es effrayante ! C'est rassurant tout ça. Tu menaces ou tu frappes quand tu es contrariée ? Alors la partie la plus intéressante maintenant. Au lit tu es… rapide ! Bon, alors là, ça ne m'étonne pas du tout, j'avais vu venir le truc. Allons plus dans les détails maintenant : avant l'acte tu es… collante comme un asticot. Hmm, ça donne envie ! Pendant l'acte tu es… grosse comme une pintade. Sexy, tu as pris un peu de poids pendant les vacances ? Et enfin le dénouement final : après l'acte tu es… mordante ! C'est tout un programme. C'est le portrait de la femme parfaite comme vous pouvez le voir messieurs dames. On applaudit bien fort. »

Le jeu du cube

Le jeu du cube permet d'analyser son imagination et ses rêves pour interpréter quelques traits de sa personnalité. Ce jeu demandera une grande part de *storytelling* ainsi qu'une forte capacité d'interprétation. Ce jeu est le plus complexe de ceux que je vous propose et avec un peu d'entraînement vous pourrez parfois le faire durer une demi-heure. Vous pouvez réaliser ce jeu de deux façons différentes : soit vous proposez à votre cible d'imaginer ce que vous allez lui demander, soit vous lui laissez la possibilité de dessiner sur un papier ce qu'elle va imaginer.

Demandez à votre interlocutrice de se concentrer et d'imaginer dans son esprit un désert comprenant le ciel, le sable et l'horizon et d'y ajouter les éléments suivants (ne lui dites pas ce qu'ils signifient) :

Un cube : il peut être grand ou minuscule. Dans les airs ou enfoui dans le sable. Il peut être de n'importe quelle matière :

verre, béton, bois, plastique, fer... Le cube représente l'estime de soi. Ainsi vous devez interpréter la manière dont elle se voit en fonction de ce qu'elle vous décrira. Si son cube est énorme, cela signifie qu'elle a une forte estime d'elle-même. Si son cube est en verre transparent, cela évoque la franchise. À vous d'interpréter les différents aspects du cube.

Une échelle : elle peut être grande ou petite. Elle peut être en bois ou en fer. Elle peut être reliée au cube ou au contraire très éloignée de celui-ci. L'échelle représente les amis et ses relations avec les autres. Plus l'échelle est longue et plus elle connaît de monde. Le fait qu'elle soit en bois évoque des amitiés solides et durables dans le temps. Si l'échelle est reliée au cube cela signifie qu'elle est très proche de certains de ses amis. Si elle est éloignée cela veut dire qu'elle est plutôt indépendante ou qu'elle ne voit pas souvent ses amis.

Un cheval : il représente la place des hommes dans sa vie. Cela peut également être la place de l'être aimé si elle a connu un homme important dans sa vie. Si elle imagine un pur-sang noir et massif, cela montre une attirance particulière pour la virilité. En revanche, le cheval blanc peut montrer un certain goût pour l'insouciance, la pureté... Plus le cheval est proche du cube et plus elle est proche de cet homme. Le fait qu'il soit éloigné signifie qu'elle n'est pas en rapport avec un homme important pour le moment. Il faut également être capable de comprendre la dynamique entre les différents éléments du décor. Ainsi, si le cheval est proche de l'échelle, cela peut expliquer qu'il existe un potentiel amant dans ses amis et connaissances.

Des fleurs : elles représentent son amour pour les enfants et son envie d'en avoir. Plus généralement les fleurs sont aussi un rappel de l'enfance. Si le cube est fleuri de l'intérieur cela peut dire qu'elle a encore une âme d'enfant. Si les fleurs sont à l'extérieur et en dehors du cube cela peut montrer qu'elle côtoie des enfants ou qu'elle a un fort désir d'en avoir. Vous devrez également interpréter le fait qu'elle imagine des ronces et de la mauvaise herbe à la place des fleurs comme une peur ou une crainte de l'enfance liées à de mauvais souvenirs.

Une tempête : la tempête représente les soucis qu'elle peut avoir dans sa vie et sa manière de les gérer. Si la tempête n'influence en rien le décor mis en place par son imagination, cela signifie qu'elle sait faire la part des choses. Elle a une certaine maturité et une capacité pour affronter les tracas de la vie. Si au contraire elle imagine que la tempête dévaste totalement les éléments qu'elle a imaginés, il a y une forte probabilité qu'elle se laisse entraîner par le chaos de sa vie.

Le jeu du cube ne doit pas être pris au pied de la lettre. Il s'agit avant tout d'un jeu, d'un divertissement. Même s'il vous permettra de tirer quelques grands traits de caractère, il n'est en rien une science exacte. C'est de la psychologie de comptoir qui vous permettra de passer un moment agréable. Vous aurez tous les deux l'impression d'avoir partagé plus que dans une simple discussion et c'est avant tout le but de ce jeu.

Quand l'embrasser ?

Je vais très certainement vous étonner en vous disant que vous ne devez pas l'embrasser pendant votre rendez-vous. En effet, vous avez certainement en tête la scène tant fantasmée où vous l'embrassez dans un lieu magique. Malheureusement, cette façon de procéder peut se révéler être un piège. À la fin de votre tête-à-tête, lorsque vous lui dites au revoir en hésitant entre la bise ou le baiser, vous n'êtes plus dans une situation naturelle et la tension dégagée peut être désagréable pour vous deux. Si vous l'embrassez, cela signifiera que vous attendez quelque chose de plus dans la logique des choses. Que cela soit simplement du sexe ou une relation sérieuse, cet acte peut être vécu comme trop engageant pour elle. Entre-temps votre cible pourra revenir sur son choix et éviter de vous revoir car elle ne serait pas suffisamment à l'aise pour vous embrasser de nouveau en vous revoyant. Avec un mauvais timing, vous vous imposerez donc beaucoup de contraintes même pour un simple baiser.

Il est préférable à la fin du premier rendez-vous de lui faire comprendre que vous avez envie de plus, tout en lui faisant un bisou sensuel sur la joue, qui lui ferait comprendre ceci : « Je te provoque un peu avec cette bise sensuelle, mais tu sais que ce sera beaucoup plus agréable la prochaine fois, sois patiente… », ce qui aura pour effet d'inverser les rôles et d'ajouter de la tension. Cela sera donc bien plus efficace que le baiser maladroit sur le quai du métro en fin de rendez-vous. L'idéal serait de l'inviter directement chez vous à la fin de la soirée. Je vous conseille en fait de l'embrasser quand vous pourrez envisager d'aller plus loin encore. Étonnant, n'est-ce pas ? Pourtant, c'est ce qui marche le mieux. Il est plus naturel d'embrasser votre cible dans le confort de votre canapé ou de votre lit face à un film que dans un lieu public. Si vous êtes un peu doué, elle s'opposera rarement au fait de vouloir aller plus loin pendant la soirée. Il ne s'agit pas non plus de se précipiter sur elle une fois que vous l'aurez embrassée. Embrassez-la, faites-lui des caresses et des câlins, vaquez à d'autres occupations et recommencez l'opération. Vous pourrez ensuite envisager d'aller plus loin quand vous aurez instauré une dimension de tension et de confort suffisamment solide pour qu'elle trouve la suite totalement naturelle.

Pour vous donner plus de repères sur le moment où vous devez l'embrasser, considérez que si vous avez eu plusieurs indicateurs d'intérêt (au minimum trois), vous pourrez tenter votre chance.

Voici quelques exemples d'indicateurs d'intérêt :

- Elle vous regarde intensément.
- Elle sourit beaucoup.
- Elle rit même à vos mauvaises blagues.
- Elle regarde vos lèvres.
- Elle vous relance dans les blancs.
- Elle se remaquille quand elle va aux toilettes.

Elle peut aussi directement déclarer son intérêt, ce qui est plus rare. Cela indique aussi que son niveau d'intérêt envers vous est vraiment élevé. Les femmes préfèrent généralement envoyer des signaux plutôt que de verbaliser leurs envies. Cela fait partie d'un jeu de séduction où vous devez avoir suffisamment d'intelligence sociale et émotionnelle pour comprendre ce qui se trame. Les femmes apprécient particulièrement les hommes qui comprennent ces subtilités. C'est un mode de communication assez distinct des hommes qui ont plus tendance à verbaliser et à rendre logiques leurs envies.

Voici quelques exemples de déclarations d'intérêt :

- « J'aime ton style. »
- « Je te trouve mignon. »
- « Je me sens bien avec toi. »
- « Tu m'impressionnes. »
- « Tu es différent des autres. »
- « J'ai envie de te revoir. »

Attention aux fausses déclarations d'intérêt qui sont des phases de désintérêt camouflées. Par exemple : « Je t'apprécie réellement, tu es comme un frère pour moi », est clairement une déclaration qui vous met sur le banc de touche d'un point de vue séduction. Vous devez être capable de renverser la vapeur immédiatement en reprécisant vos intentions de manière subtile (en étant plus joueur, en la rendant jalouse, en l'ignorant de temps à autre…).

Si vous ne savez pas comment initier un baiser de façon naturelle, voici quelques trucs et astuces pour y arriver de manière originale. N'oubliez pas que vous devez adapter ces phrases à votre personnalité et que vous devez les utiliser au moment où la tension est à son comble. Si vous parlez de la pluie et du beau temps et que vous n'êtes plus dans un registre de séduction, ce n'est pas en utilisant ces phrases que vous pourrez l'embrasser.

Vous pouvez choisir de la défier avec un ton joueur et assumé. Si c'est une blonde dites-lui : « Il paraît que les blondes embrassent mal, c'est vrai ? » Si vous la sentez ouverte, n'attendez pas sa réponse et embrassez-la. Si elle veut à son tour jouer, vous le verrez et prendrez le temps de l'écouter avant de lui donner une dernière réplique en l'embrassant.

Dans le même registre : « Je t'embrasserais bien si tu n'étais pas blonde », bien que plus arrogant, peut être intéressant dans le cas où votre cible sait qu'elle vous plaît. Si en plus elle est joueuse, elle appréciera cette démarche originale.

Posez-lui la question suivante : « Tu as envie de m'embrasser ? »

Si elle dit oui, embrassez-la.

Si elle dit qu'elle ne sait pas, dites-lui : « On va vérifier ça » et embrassez-la.

Si elle vous dit non, dites-lui : « Je n'ai pas dit que tu pouvais, non mais oh ! », toujours sur un ton joueur et retentez plus tard.

La phrase : « Arrête de me regarder comme si j'étais une glace au chocolat, embrasse-moi plutôt », dite avec un joli sourire est aussi efficace si vous le faites sur un ton léger et décontracté.

La meilleure façon de s'y prendre est, d'après moi, la plus naturelle de toutes : arrêtez-vous de parler, appréciez le moment de tension et embrassez-la sans rien dire.

Il existe mille façons d'initier le premier baiser, et le plus intéressant pour vous sera d'improviser quelque chose qui vous correspond. Si vous n'êtes pas d'humeur créative restez sur la dernière solution qui est de loin la plus naturelle et universellement appréciée.

Quand coucher avec elle ?

C'est la question que beaucoup d'hommes se posent quand ils envisagent un rapport charnel avec une femme. Vous pouvez envisager de coucher avec elle dès le début et, avouons-le, cette idée nous aide souvent à prendre notre décision de la revoir. Pour répondre à cette question il faudra avant tout que vous déterminiez le type de relation que vous souhaitez établir. Il est tout à fait envisageable de coucher avec une femme rencontrée quelques heures auparavant lors d'une soirée. Ce type de rapport, agréable de temps en temps, ne mène généralement pas à une relation sérieuse.

Si vous êtes dans un cadre de relation plus sérieuse, vous allez donc passer par les traditionnelles étapes que nous traitons dans ce livre : vous la rencontrez, vous la rappelez et vous la revoyez. Imaginons maintenant que vous venez de valider les deux premières étapes et que vous vous retrouvez en tête-à-tête à siroter un cocktail en terrasse. Quand et comment allez-vous lui proposer de venir chez vous ? Quand et comment allez-vous l'embrasser ? Et enfin la question qui vous intéresse le plus : quand et comment allez-vous coucher avec elle ?

Tout d'abord vous devez savoir quand vous n'aurez plus l'occasion de le faire. Généralement on admet que s'il ne se passe rien après trois rendez-vous, il y a peu de chances que vous arriviez à finir sous la couette avec l'élue de votre cœur. Il existe évidemment des contre-exemples, mais d'une manière générale c'est un bon indicateur pour la suite des événements. S'il n'y a même pas eu un seul baiser échangé, n'imaginez pas que cela se produise par la suite : vous avez laissé filer votre chance. Le but n'est pas forcément de coucher le plus tôt possible avec votre cible car il peut être tout à fait agréable de faire durer le jeu un peu plus longtemps. Le danger serait alors de perdre la tension qui s'installait au début. Vous devrez être donc capable de lui donner envie pour l'amener tout naturellement à coucher avec vous sans faire ressentir de pression liée à l'acte. S'il s'agit d'une femme peu à l'aise avec sa sexualité, vous devrez décomplexer l'approche sexuelle avec elle et faire en sorte de créer une bulle de confort entre vous deux. À ce moment elle sera prête à coucher avec vous. Pour en savoir plus sur cette partie, je vous encourage à lire le chapitre sur la sexualité plus loin dans ce livre.

Le sexe permet d'instaurer une nouvelle dimension dans ce début de relation. L'immense richesse de ce moment pourra transcender votre histoire ou au contraire la couler totalement. C'est un point-clé auquel il faut assumer vouloir goûter. Vous êtes un homme et vous avez envie de faire l'amour à cette femme. C'est aussi simple que ça. Si vous vous comportez de façon mature au sujet du sexe, cela la rassurera. Rappelez-vous que la plus grande peur d'une femme est de passer pour une fille facile. Elle n'a pas envie d'être jugée sur sa sexualité de quelque manière que ce soit. Si elle se sent en confiance à vos côtés elle pourra coucher avec vous sans se poser mille questions. Ce moment peut arriver dès le premier rendez-vous, mais il peut aussi avoir lieu plusieurs jours voire semaines après. Ne lui reprochez jamais ce délai d'attente et continuez à rester dans un rapport de séduction. C'est une phase cruciale où vous risquez de passer de l'autre côté (à savoir celui du meilleur ami et non plus celui de l'amant) si vous vous commencez à jouer les psys. Maintenez la tension, n'hésitez pas à provoquer les choses petit à petit et la situation évoluera d'elle-même. Rappelez-vous qu'en moyenne vous passerez à l'étape supérieure entre le premier et le troisième rendez-vous. Il existe évidemment une multitude de possibilités mais en ayant ce repère en tête, vous aurez une bonne représentation de votre situation.

Les 7 points-clés pour être sûr de la revoir

Si vous avez envie de la revoir après ce premier rendez-vous et envisagez une histoire, qu'elle soit courte ou longue, il existe sept points cruciaux à vérifier. Cette suite de points-clés est une sorte de check-list mentale que vous ne devez pas oublier de valider avant la fin de ce premier rendez-vous. Vous devez l'avoir dans un coin de votre tête si vous souhaitez mettre en place un contexte favorable pour la revoir.

1. Attraction et valeur

Vous êtes attirant à ses yeux. Elle vous trouve sexy et a clairement envie de coucher avec vous. Vous avez également de la valeur à ses yeux. Au-delà de l'aspect purement physique et social, elle apprécie votre personnalité et vous accorde une valeur particulière. Vous faites partie de ces rares hommes qui ont su faire la différence.

2. Qualification et validation

Cette deuxième étape est la confirmation de la première. Elle s'est qualifiée envers vous comme une copine potentielle. Elle a également validé le fait qu'elle vous trouve à son goût. Cette seconde étape est aussi la confirmation de votre intérêt pour elle. Elle doit savoir et comprendre que vous êtes intéressé et que vous vous qualifiez à votre tour comme son amant potentiel. Il faut qu'elle sente également qu'elle est différente des autres et que vous lui attribuez un statut particulier. Une femme appréciera rarement le fait de faire partie d'une suite mathématique de conquêtes, elle veut avoir un statut particulier à vos yeux.

3. Confort et sécurité

À moins que vous ayez rencontré une femme qui ne souhaite d'aucune manière s'investir ou encore une autre irrésistiblement attirée par vous, une femme aura besoin d'en savoir un minimum sur vous. Elle doit se sentir en sécurité à vos côtés pour s'investir d'un point de vue émotionnel. Elle ne veut prendre aucun risque que ce soit par peur d'être jugée ou tout simplement pour sa propre sécurité physique. Pour se laisser aller à un rapport charnel vous devrez lui faire ressentir cette sensation de confort pour qu'elle puisse se laisser aller sans se demander si elle prend un risque.

4. Projection temporelle

Cela signifie que vous devez vous projeter dans un futur proche avec elle. Il ne s'agit évidemment pas de vous imaginer en couple dans l'appartement que vous allez acheter. Il s'agit juste de lui faire comprendre qu'il ne s'agit pas d'une histoire d'une nuit. C'est un point primordial dans le cas où vous envisagez ne serait-ce qu'un bout de relation avec la femme qui vous intéresse. Par exemple, il suffira de dire : « Il faudrait qu'on dîne dans ce restaurant, les plats sont particulièrement bons. » Cette projection temporelle montre que vous souhaitez la revoir. À la fin de votre rendez-vous, vous pouvez également lui proposer une activité pour la prochaine fois en lui précisant que vous lui confirmerez la date en la recontactant.

5. Tension sexuelle

Ne soyez pas acquis et continuez à jouer dans un registre de séduction. Vous devez assumer un côté sexuel notamment avec un esprit joueur. La vraie séduction commence véritablement lorsque vous débutez une relation à deux. Vous devez être capable de proposer des activités différentes et variées. Vous devez lui faire découvrir de nouvelles choses. Vous devez également vous investir d'un point de vue sexuel. Je vous encourage encore une fois à bien lire le chapitre sur la sexualité contenu dans ce livre. Les bases solides d'un couple commencent aussi sous la couette.

6. État d'esprit et état émotionnel

Votre état d'esprit doit toujours être positif. Vous devez être énergique et ouvert à de nouvelles activités. La rencontre d'une nouvelle personne est une bonne occasion de créer de nouvelles bonnes habitudes. C'est une étape de découverte que vous devez vivre à 100 %. En aucun cas vous ne pouvez laisser l'ennui s'installer. N'oubliez pas non plus que cela doit être intense pour vous deux d'un point de vue émotionnel. Cette étape doit vous apporter de nombreux sentiments positifs tels que la joie, l'excitation, le plaisir, la gaieté… En revanche, si vos rencontres créent en vous un état émotionnel négatif comme la jalousie ou la frustration, c'est que vous devez y mettre un terme ou changer vos croyances néfastes.

7. Facteur chaos

Ce dernier point n'est pas vraiment une étape à valider mais reste néanmoins un élément important que vous devez connaître. Il existe un facteur imprévisible qui mettra en péril vos projets sentimentaux. Il s'agit du facteur chaos qui signifie que rien n'est jamais sûr à 100 %. Vous avez beau vivre une rencontre absolument géniale, avoir fait l'amour toute la nuit avec elle et l'avoir sentie parfaitement investie, il n'en reste pas moins que tout peut s'arrêter d'un seul coup. Du jour au lendemain vous pourrez ne plus jamais entendre parler d'elle alors qu'un beau futur vous attendait. Cela peut être vraiment traumatisant pour certains mais je dois vous prévenir qu'il est inutile de vous torturer l'esprit. Vous devez savoir et comprendre que les relations humaines ne sont pas une science exacte et qu'il n'y a rien de plus versatile. Vous devez accepter ces situations et en profiter pour les vivre comme des expériences. Ne cherchez pas à comprendre pourquoi, mais dites-vous qu'il existe une multitude de possibilités pouvant mener à ce genre de situations que vous estimez incompréhensibles : retour d'un ex, rencontre d'une nouvelle personne, décès traumatisant d'un proche, changement de vie, déménagement, accident, changement d'avis, pression de l'entourage, pression religieuse, changement d'orientation sexuelle…

Une fois que vous aurez pris en compte et validé ces différentes étapes, vous serez prêt à débuter une relation. Elle peut être légère, courte, moyenne ou au contraire tout à fait sérieuse. C'est à vous de savoir ce que vous souhaitez réellement avec cette femme. Si vous pensez qu'elle mérite un investissement de votre part alors faites-le et n'oubliez pas que cela doit se faire dans les deux sens. Je sais bien que cette étape peut vous laisser interrogateur et c'est pour cela que je vous propose un prochain chapitre dédié aux relations. Il vous permettra d'y voir plus clair pour ainsi poser les bases saines de votre couple.

Comment réussir son premier rendez-vous : les points essentiels à retenir

- Faites en sorte d'organiser un premier rendez-vous original en vous démarquant du traditionnel café/cinéma/restaurant.
- Choisissez un lieu où vous serez tous les deux à l'aise.
- Ne vous installez pas en face d'elle mais plutôt à côté d'elle.
- Soyez proactif : c'est à vous de mener l'interaction, de proposer des activités et de diriger la conversation quand elle s'essouffle.
- Servez-vous des blancs dans une conversation pour la regarder droit dans les yeux en souriant. Sa réaction sera une façon efficace pour mesurer son intérêt.
- Ne récitez pas votre CV et écoutez-la sans jamais la juger.
- Ne donnez pas votre avis sur tout et restez mystérieux sur certains sujets.
- Sujets de conversation interdits : les ex, la politique et la religion.
- Soyez joueur, souriant, rassurant et n'hésitez pas à initier un contact physique.
- Détendez-vous, ce n'est pas un entretien d'embauche c'est un rendez-vous amoureux.
- N'hésitez pas à continuer le rendez-vous autour d'un restaurant puis autour d'un verre : plus vous ferez d'activités et plus vous allez créer une connexion entre vous.
- Ne l'embrassez pas avant de la quitter, embrassez-la quand vous avez l'occasion de passer à l'étape supérieure.
- Ne faites pas état de vos projets la concernant, cela pourrait l'effrayer. Que ce soit pour une nuit ou pour la vie, l'important est de vivre dans le moment présent et de ne pas faire des plans sur la commette.

Comment séduire sur un site de rencontres en ligne ?

Les sites de rencontres en ligne jouent aujourd'hui un rôle important dans la manière de créer des rapports avec les femmes. Pour certains, il est plus facile et sécurisant de s'inscrire sur un site pour faire des rencontres. En effet, choisir son potentiel partenaire sur Internet peut paraître rassurant pour ceux qui ne souhaitent plus subir les nombreuses déconvenues des rencontres dans la vraie vie.

Si vous utilisez un site de rencontres, vous découvrirez qu'il existe des règles propres à cet univers. Les exigences sont à la hausse et vos concurrents seront nombreux. Il va falloir vous démarquer d'une manière efficace. Bien que nous préférions l'approche réelle, nous vous fournissons ci-dessous un guide de survie sur le Web.

Quel site de rencontres choisir ?

Avant de rentrer dans le vif du sujet et de mettre en pratique les conseils que je vais vous donner au sujet des rencontres en ligne, il va d'abord falloir choisir votre terrain de jeu : le choix est très vaste et le marché ultra-saturé. Rencontrer un partenaire en ligne fait désormais partie des mœurs. Les jugements et les moqueries que pouvait susciter cette démarche ne sont plus que des vagues souvenirs pour les millions d'utilisateurs actifs de ces sites de rencontres. La question qui reste à traiter est donc de savoir sur quel site de rencontres vous devez porter votre choix. Pour y répondre vous allez devoir vous interroger sur vos intentions : quel type de relation souhaitez-vous ? Quelle tranche d'âge visez-vous ? Et si vous voulez vraiment aller plus loin : quelle catégorie socioprofessionnelle ? Quelle religion ? Quelles affinités particulières ? Quelles orientations sexuelles ?

Si vous ne cherchez pas un profil précis et que vous restez ouvert à un type varié de rencontres, vous pouvez vous inscrire sur des sites dits « classiques » comme Meetic.fr ou Match.com. Vous y trouverez cependant autant de personnes désireuses de faire des rencontres sérieuses que légères. À vous de procéder à une sélection rigoureuse. Les sites de rencontres comme Parship.fr ou eDarling.fr sont faits pour des personnes au profil plus mature qui cherchent à faire des rencontres sérieuses. Si vous êtes dans une tranche d'âge plus jeune du type 18-25 ans, il existe un site de rencontres plus atypique : Adopteunmec.com où les hommes jouent le rôle d'hommes objets et les femmes de shoppeuses compulsives… Le thème est plutôt léger et le type de rencontres est en général peu sérieux mais toujours agréable. Enfin, les sites orientés rencontres d'un soir comme Adultfriendfinder.com sont peu fiables du fait du nombre important de faux comptes ou de comptes tenus par des hôtesses et autres escort-girls… Et pour les comptes sérieux restants, avez-vous vraiment envie d'être le 347e de l'année ? Préservez votre santé (physique et morale) et choisissez des femmes avec un minimum de rigueur sur ce plan.

La plupart des sites proposent un accès gratuit. Souvent restreint, il permet néanmoins de se faire une idée du type de personnes qui le fréquentent et des modes d'échanges proposés. Je vous déconseille fortement d'acheter un abonnement directement après l'inscription, essayez plusieurs sites et, si vous jugez utile d'acheter un abonnement, choisissez le site qui vous plaît le plus. Une fois que vous avez fait votre choix, je vous encourage à investir dans un abonnement pour bénéficier de toutes les options possibles et ainsi augmenter significativement vos chances de faire des rencontres. Le prix est souvent dérisoire pour ce que cela peut vous apporter à moyen terme : de belles rencontres et des relations enrichissantes.

Choisissez un pseudo sobre

Votre pseudonyme ne doit pas être trop imagé, trop vulgaire ou de mauvais goût : vous véhiculeriez d'entrée une très mauvaise image. Sur Internet, vous n'avez que quelques secondes pour convaincre. C'est bien plus cruel qu'en réalité. Une femme a le pouvoir de vous zapper comme elle peut le faire le mercredi soir devant son plateau-télé. Vous devez donc vous appliquer pour donner une bonne image sur le site. Oubliez les pseudos du type « Badboy93 », « PlayboyParis » ou « Biglover » et choisissez un pseudo simple comme par exemple une variante de votre prénom dans une langue étrangère. Autres idées : nom d'un film, d'un personnage d'une œuvre littéraire ou encore le titre d'une chanson. Votre pseudo doit exprimer une partie de votre personnalité et doit être en cohérence avec ce que vous voulez véhiculer comme image.

Montrez les bonnes photos

Ne publiez jamais des photos prises par vous-même, vous communiqueriez le fait que vous avez passé des heures à prendre la pose pour sélectionner la photo qui vous plaît. Généralement, ce sera une photo mal cadrée et qui ne vous ressemblera pas. Poster des photos prises par les autres montre que vous avez une vie sociale et que les gens vous accordent de l'importance. Lorsque vous publiez une photo où vous êtes en compagnie et souriant, vous montrez que vous êtes un homme sociable et agréable. N'ajoutez pas d'effets de type Photoshop ou de signature sur vos photos, vous n'êtes ni un photographe, ni un artiste, alors restez humble. Enfin vous éviterez les photos de vous torse nu ou en maillot de bain, ce sont des photos qui doivent rester de l'ordre de la sphère privée. La majorité des femmes ne réagiront pas de manière positive à la vue de ce genre de photos.

Rédigez une annonce courte et accrocheuse

Sur les sites de rencontres en ligne, il y a plus d'hommes que de femmes. C'est donc souvent à l'homme de faire la première démarche. De ce fait vous devez faire un très gros effort sur la qualité de votre présentation. Vous allez devoir être percutant, drôle et surtout différent des autres. Vous ne plairez jamais à 100 % des femmes, alors n'hésitez pas à jouer sur un côté fort de votre personnalité. Inutile de jouer la carte du poète du dimanche. Oubliez aussi les pavés où vous expliquez que vous avez souffert étant jeune mais que vous êtes enfin prêt à vivre le grand amour. Inutile de trop vous dévoiler non plus, vous devez être à la fois suffisamment assumé et mystérieux pour créer le désir d'en savoir plus.

Oubliez le copier/coller

Beaucoup de femmes reçoivent des messages identiques de la part de différents utilisateurs. Parfois c'est un hasard et un manque d'imagination de la part des hommes. Dans d'autres situations, il s'agit tout simplement d'un copier/coller d'un message lu sur un guide ou sur un site proposant des conseils sur la rencontre en ligne. Vous serez automatiquement disqualifié en cas de fraude de ce type. La situation est irrécupérable : vous passez pour quelqu'un qui veut faire du chiffre et qui ne prend même pas le temps d'une approche personnalisée, bref, vous avez tout faux. De plus, vous oubliez que ce n'est pas le message qui est le plus important, c'est votre manière de connecter avec la personne qui vous intéresse. Ses goûts affichés et l'extrait de personnalité qu'elle laisse transparaître sont autant de bons prétextes pour établir un premier contact. Plus votre approche sera personnalisée, plus vous aurez de chances de recevoir une réponse.

Apprenez à flairer la mauvaise affaire

Les sites de rencontres ont aussi leur lot de mauvaises surprises. Parmi elles, il y aura les femmes que vous ne rencontrerez jamais dans la vraie vie. En effet, certaines femmes s'inscrivent sur ces sites uniquement pour satisfaire leur ego en recevant l'approbation des hommes, d'autres encore s'en servent uniquement pour passer le temps quand l'activité au bureau est calme et enfin certains comptes sont carrément des faux (un homme qui se fait passer pour une femme histoire de donner des rendez-vous bidons ou une femme jalouse qui crée un compte au nom de sa meilleure ennemie). Si une femme vous contacte en vous proposant de se montrer nue en webcam ou si elle vous fait une proposition très directe, il y a de fortes chances que ce compte soit un faux. Vous n'êtes jamais à l'abri d'une telle situation même si cela reste plutôt rare. Selon les sites de rencontres, les probabilités de tomber sur ce genre de profils se situent entre 1 et 3 %.

Visez juste

Si vous cherchez une relation sérieuse, inutile d'entrer en contact avec cette femme qui aime « profiter de l'instant présent » ou encore qui souhaite « vivre la vie à fond ». C'est une manière de faire comprendre qu'elle est à la recherche d'aventures légères. Même si vous avez un coup de cœur pour une femme de ce genre, ne tentez pas de la faire changer d'avis, elle sait généralement ce qu'elle veut et vous allez souffrir inutilement. Vous ne serez qu'une conquête supplémentaire à ses yeux. Si vous souhaitez une relation sérieuse, orientez-vous sur des profils de femmes plutôt discrètes qui en disent suffisamment sans en dire trop. Les femmes qui déclarent clairement vouloir une relation sérieuse et pas de « plans sexe » sont aussi le genre de femmes vers lesquelles vous devez tenter une approche. Si vous cherchez des relations sans lendemain, vous pouvez vous orienter vers la première catégorie. Attention : ce n'est pas parce qu'une femme désire vivre des aventures légères qu'elle est ouverte à toute proposition. Relation sérieuse ou non, dans les deux cas vous aller devoir vous appliquer dans votre approche.

Ne mentez pas

Évidemment, ajouter un ou deux centimètres à votre taille pour avoir un chiffre net, ou arrondir votre poids aux cinq kilos inférieurs n'est pas très grave, mais il faut vous méfier des mensonges sur votre description et lors de vos discussions avec les filles. En effet, n'oubliez pas que le but final est de rencontrer la demoiselle en vrai et vos supercheries seraient rapidement démasquées. Mieux vaut rencontrer une femme qui correspond à votre caractère et vos passions qu'une femme que vous auriez séduite en lui mentant et qui partira dès qu'elle comprendra que vous n'êtes pas celui que vous prétendez. Cela dit, si vous avez des passions vraiment difficiles à défendre rien ne vous empêche de ne pas en parler d'emblée. Cela vous permet de garder une part de mystère.

Plus généralement, ne mettez pas de fausses photos, ne les retouchez pas et évitez de mentir sur vos informations personnelles. Cela jouera toujours en votre défaveur. Si vous échangez des messages avec plusieurs femmes à la fois (ce qui est fréquent sur un site de rencontres) vous risquez également de vous contredire si vous mentez à droite et à gauche. Vous devrez constamment vous justifier et vous entrerez dans un cercle vicieux qui n'aura rien de constructif. De plus, vous allez vous habituer à mentir dans le but de paraître meilleur, ce qui aura un très mauvais impact sur votre confiance en vous. Vous devez connaître vos forces et transformer vos faiblesses en qualités. N'oubliez jamais qu'une femme verra très rapidement si vous mentez sur un aspect de votre vie.

Le profil n'est pas la réalité

Les femmes sont très friandes des petits arrangements avec la réalité. Elles commettent de petits mensonges sur leur taille et leur poids. Qui n'aime pas montrer le meilleur de soi ? La description diffère souvent de la réalité et même si c'est souvent léger, vous devez y être préparé. Ne vous faites pas une idée trop précise de la femme en question avant de l'avoir rencontrée. Une photo en noir et blanc peut cacher une peau abîmée. Une surexposition permet d'affiner certains traits du visage plus ingrats dans la réalité. Une photo en contre-plongée peut dissimuler certaines formes non spécifiées dans sa description. Si aucune photo ne vous permet d'estimer clairement sa silhouette, c'est qu'elle a quelque chose à se reprocher. Bref, les femmes savent se mettre en avant et optimiser leur physique grâce aux photos. Vous devez le prendre en compte si vous ne voulez pas être déçu lors de la rencontre. Parfois, il arrive que la surprise soit positive et c'est tout le mal que je vous souhaite.

Vous êtes ce que vous communiquez

Sur Internet, il est impossible de montrer celui que nous sommes vraiment. Notre personnalité est réduite à la description rapide que nous devons en faire. Cette même description est limitée par le temps de lecture de la personne qui vous visite, par des phrases qui ne peuvent que tenter de définir des traits de personnalité, par des cases à cocher qui reflètent plus ou moins la réalité... Souvent votre profil sera lu de travers et c'est l'impression générale qui s'en dégage qui permettra à une femme d'en faire une interprétation approximative. Vous l'aurez compris, il est impossible de se montrer tel que l'on est et c'est la raison pour laquelle que vous devez susciter de l'intérêt pour qu'elle ait envie d'en savoir plus. Dévoilez-vous petit à petit, en gardant le plus intéressant pour votre rencontre. C'est pour cette même raison que vous ne devez pas écrire la même chose que tout le monde. Vous devez vous démarquer et ne pas tomber dans les clichés sous peine de faire partie du troupeau.

Ayez le sens du timing

Ne proposez jamais un verre dès le premier message, vous devez d'abord créer une phase de complicité en essayant d'être différent des autres. Une belle femme est une femme souvent sollicitée dans la vie réelle et encore plus sur Internet où la peur de l'approche n'existe pas. Ne demandez pas d'emblée si elle a fait beaucoup de rencontres et concentrez-vous plutôt sur le fait de créer un univers à deux ou vous discuterez de vos passions sans tomber dans les clichés. Vous aurez le temps de parler de vos rencontres plus tard dans la conversation. Cela vous permettra de voir si elle est une utilisatrice active et également de glaner finement des informations pour vous démarquer. Après quelques échanges de mails, vous pouvez lui proposer de sortir du cadre du site de rencontres en échangeant vos contacts Facebook, MSN, Skype ou autres. Après avoir continué le rapport sur une autre plateforme, vous pouvez envisager de vous voir en spécifiant que vous n'êtes pas du genre à vivre votre vie sur le Net et que vous préférez les vraies rencontres. Ce premier verre doit être proposé avec légèreté et sans contrainte. Cela ne doit pas être vécu comme LE rendez-vous galant de l'année mais plutôt comme la suite logique de votre rencontre sur le Net.

Restez léger

Pour avoir discuté avec des dizaines de femmes inscrites sur des sites de rencontres, je peux vous assurer que beaucoup trop d'hommes commettent l'erreur de faire une approche trop lourde. Vous ne jouez pas votre vie sur une approche, encore plus quand elle est numérique. Votre première phrase doit être simple, drôle, accrocheuse et en rapport avec le profil de la femme concernée. Les pavés de texte où vous racontez votre vie et où vous projetez un film sur votre potentielle rencontre sont à bannir. Vous devez être capable d'enclencher des conversations simples et limpides comme si vous discutiez autour d'un café. Cultiver une attitude décontractée sur un site de rencontres permet de transmettre que vous n'êtes pas en demande. Les femmes détestent les hommes trop pressés, c'est souvent traduit comme un sentiment d'insécurité lié à un manque de confiance en soi. Les hommes qui en font trop lors de l'approche sont des hommes qui compensent leur peur de ne pas être intéressant par du vide.

Soyez positif

En partant de votre profil jusque dans les messages que vous allez envoyer, vous devez être positif dans ce que vous véhiculez. Ne vous plaignez pas, ne soyez pas amer et exprimez-vous toujours dans un registre positif. Toute attitude négative sera directement sanctionnée par les femmes. Elles cherchent à vivre des rencontres qui vont leur apporter du bonheur, de la légèreté et de la distraction. Les comportements aigris, dépressifs et moroses ne font pas partie des critères de recherche des femmes qui souhaitent faire de vraies rencontres. Si vous êtes déprimé, faites un effort pour que cela ne se voie pas. Rentrez dans un cercle vertueux : forcez-vous à être positif, faites des rencontres positives et devenez enfin positif.

N'insistez pas

Quand une fille décide de ne pas (ou plus) vous répondre, vous pouvez passer à autre chose. Ne cherchez pas à comprendre ce qui n'a pas marché dans votre approche et passez à autre chose pour éviter de vous polluer l'esprit avec des pensées négatives. De plus les femmes ont un choix énorme sur les sites de rencontres, elles doivent parfois trancher parmi plusieurs profils d'hommes qui peuvent les intéresser. C'est un choix logique : elles ne peuvent pas accepter de voir les dizaines d'hommes qui les contactent chaque jour. La mauvaise attitude serait de la relancer et de passer définitivement pour un lourd. Vous vous priveriez alors d'une éventuelle relance en cas de remords dû à un mauvais choix.

5 exemples de mauvaises annonces

Beaucoup d'hommes sous-estiment l'impact d'une bonne ou d'une mauvaise annonce sur leur page de profil. Certains oublient qu'il faut rester accessible et compréhensible par une grande partie des membres. Trop d'ironie, de second degré ou d'humour gras est à proscrire. Les annonces niaises comme « Je cherche la femme de ma vie » sont aussi à éviter. Ne parlons pas non plus de la vulgarité qui est tout simplement à oublier. Tous les textes qui suivent sont authentiques et m'ont été directement envoyés par des amies qui ont fait une sélection des pires annonces d'hommes sur les sites de rencontres. Les fautes d'orthographe et d'expression ont été conservées pour que vous puissiez prendre conscience du faible niveau de certaines annonces.

Annonce 1

« Je suis un enfoiré d'égoïste. Je suis beau, j'ai beaucoup de succès, je suis mince, j'ai du tonus, je suis assez jeune pour faire vous savez quoi et assez âgé pour bien le faire. Je ne fume pas, je suis très amusant, mais je n'ai pas le temps pour les crises à deux balles ou les hystériques. De plus, je suis intelligent, bien élevé, et je me fiche de ce que les autres pensent de moi. Je fais ce que je veux, quand je veux... mais ça, vous l'aurez certainement compris. Si je devais écrire une annonce, voici ce qu'elle dirait : Individu beau, cultivé, intellectuel, avec une grosse queue, champion de l'ironie, cherche une belle femme pour une relation sérieuse, afin de rendre son petit ami ou mari fou de jalousie, afin de se caller quelques diamants, des Jaguars, une nouvelle maison dans un quartier de luxe, ou bien une propriété en bord de mer. Entraînement aux orgasmes multiples inclus (GRATUIT). »

Dans cette annonce vous avez le condensé de tout ce qu'il ne faut pas faire : de la lourdeur, de la vulgarité et de la vanité. De plus l'homme de cette annonce se positionne clairement comme un objet sexuel et se ferme à tout type de relation. Ce n'est pas la manière la plus saine de faire des rencontres.

Annonce 2

« L'homme parfait *sifflote* Roooh c'est bon je sais que ça n'existe pas ^^ Tout d'abord je tiens a préciser que ne suis ni gros ni moche (oui oui je vous le jure, du moins y'a toujours pire =P), mais je tiens aussi a préciser que les apparences sont très souvent trompeuses... Donc a toutes celles qui prennent le temps de lire cette description afin de se faire une idée sur moi, je suis navré mais je n m'y dévoilerai pas plus que cela =) Je tiens juste a préciser une dernière chose, je suis une sorte de drogue, alors faites attention a ne pas devenir trop dépendante ^^ »

Ici on note clairement un manque de maturité. On peut imaginer qu'il s'agit d'un jeune homme. Le passage sur le physique est très maladroit. Enfin il finit par commettre une erreur très commune chez les hommes : il fait preuve d'un très grand orgueil en se comparant à une drogue… Outre qu'il s'agit d'une analogie assez mauvaise, c'est surtout une manière très efficace pour se décrédibiliser. La vantardise est un défaut qu'il faut supprimer de toutes vos tentatives de séduction qu'elles soient en ligne ou dans la réalité. Ce n'est pas attirant.

Annonce 3

« Salut à toutes les demoiselles ! Je suis ici pour rencontrer de nouvelles personnes pour changer du quotidien ! Alors n'hésitez pas à venir me voir ! À très bientôt ;) Faites vos courses avec convivialité et sans trop de stress je suis le produit au meilleur rapport qualité prix. »

L'homme indique que faire de nouvelles rencontres ne fait pas partie de son quotidien : il communique qu'il n'est pas très actif dans ce domaine. Cela dénote souvent une faible valeur sociale. Là encore, il finit son message en commettant l'erreur typiquement masculine de la vantardise.

Annonce 4

« Homme monstrueusement pervers cherche son homologue féminin. »

Je pense qu'à ce stade il est inutile de vous expliquer en quoi c'est une description à éviter.

Annonce 5

« J'suis un homme très calin, Attentionné, j'sais un tant sois peu utiliser notre belle langue qu'est la langue française ;) De plus, j'suis modele pour plusieurs photographe, vous pouvez donc en deduire, sans vantardise de ma part, que j'suis a peu pret bien foutu ^^. Avis a vous, mes demoiselles^^ »

Ce message est plein de contradictions : cet homme déclare savoir manier la langue française tout en faisant plusieurs fautes en un seul paragraphe. Il essaie ensuite de dire qu'il est physiquement attirant par un moyen détourné qu'il juge sans doute subtil alors que c'est d'une lourdeur affligeante.

Exemple d'une conversation

Voici un extrait de conversation que j'ai pu mener sur un site de rencontres en ligne. Ce passage contient l'évolution complète, depuis la phase d'« abordage » jusqu'à l'échange de coordonnées. Ce texte est authentique et vous permettra de cerner l'état d'esprit d'une conversation sortant des sentiers battus. Il est intéressant de voir qu'il s'agit presque d'une conversation normale que pourraient avoir deux personnes qui se connaissent. Vous devez être accessible pour créer un rapport de confiance. Cette conversation se déroule sur une demi-journée et a débouché sur une relation après un rendez-vous. Les pseudos ont bien évidemment été modifiés, ne vous précipitez pas sur Internet pour traquer les protagonistes !

Angélique

Angélique vous offre la possibilité de discuter avec elle. N'hésitez pas à lui envoyer un message pour tenter d'atterrir dans son panier !

Alex

« Angélique vous offre la possibilité de discuter avec elle ? » Waouh, c'est d'une incroyable générosité, haha.

Angélique

Je suis de nature généreuse, que veux-tu ? J'avoue que le message et un peu con-con mais c'est pas moi qui l'ai choisi !

Alex

Je l'avais aussi senti comme ça : une grande générosité, une âme charitable, une sorte de Mère Teresa des sites de rencontres.

Sinon, j'ai lu dans *GQ* aujourd'hui que les gens qui ne se prennent pas au sérieux ont tendance à se préparer à l'échec. J'espère que tu es aussi de nature optimiste sinon on est mal !

Angélique

Tu rigoles mais certains garçons viennent sur ce site pour chercher une psychologue, j'ai pas l'impression d'avoir une tête à travailler au Samu social mais bon je me trompe peut-être.

Et, oui, je te rassure je suis tout à fait optimiste, ça dit pas mal de bêtises les magazines mais pour leur défense je sais me prendre au sérieux quand il faut... ça change peut-être quelque chose à mon profil psychologique établi par *GQ*.

Alex

En même temps, ça fait une thérapie en ligne à moindre coût (je crois qu'on tient un concept là). Sinon pour *GQ* c'est une petite connerie parmi tant d'autres, vous les filles vous avez *ELLE*, nous on a *GQ* (et je ne sais pas si c'est une bonne nouvelle pour les relations hommes-femmes).

Angélique

Je ne lis pas *ELLE* mais *Cosmopolitan*. C'est exactement le même style de conneries, et de tests du genre calculez votre potentiel de séduction. Mais bon ça fait du bien de temps en temps de lire des conneries.

Thérapie en ligne, ça existe peut-être déjà, c'est dingue comme on trouve de tout sur la Toile !

J'ai eu l'occasion de feuilleter *GQ*, ça va, y'a plus de pub qu'autre chose, les relations hommes-femmes sont peut-être épargnées du coup.

Alex

Bon et du coup toi qui es forcément experte des relations grâce aux multitudes de tests sur « Comment séduire cet été sans traces de bronzage ? » et « Comment être hot en 5 coups de fond de teint ? », que fais-tu sur Adopteunmec.com ?

Angélique

J'essaye de mettre ces conseils à exécution, ça marche pas terrible d'ailleurs. Non, sérieusement, je me suis inscrite car on m'a dit : tu verras le concept est marrant, j'étais un peu sceptique en voyant ce graphisme aux allures de club échangiste. Mais finalement j'arrive à trouver quelques rares personnes dont la conversation ne se limite pas à « kikou, lol, ça va, ça te dirait un plan cul ».

Ça passe le temps et c'est un moyen de rencontres comme un autre finalement me diras-tu ! C'est pas faux.

Et toi alors, tu as vu la pub dans *GQ* ?

Alex

En fait je me suis arrêté au guide « Les 100 choses à savoir sur le sexe quand on est un homme » et c'est plutôt bien écrit et drôle. Le reste, j'avoue, je ne l'ai pas encore feuilleté mais bientôt, promis, je le jure, je saurai comment « Être sexy sur la plage cet été ». Tu as déjà rencontré quelques personnes du site ?

Angélique

Oui j'ai déjà rencontré quelques personnes. J'appréhendais un peu mais en fait ça va ! Tu as fait des rencontres, toi ?

Alex

Le fait de rencontrer des gens, c'est toujours sympa et comme je suis plutôt sociable, ça me plaît. Par contre ça n'a rien donné au niveau relationnel. Bien que ce ne soit pas LE critère absolu, je trouve qu'il y a souvent trop d'arrangements avec la réalité sur les photos de certaines… haha !

Angélique

Ah, ça, c'est le risque du jeu. Je suis d'accord ce n'est pas LE critère mais bon, faut quand même que la personne en face de toi te plaise. Ça n'a pas donné non plus grand-chose pour moi au niveau relationnel, mais c'est toujours plus compliqué de tenir une conversation en réalité et surtout derrière l'écran il n'est pas question de charme ou encore de feeling.

Alex

Je trouve ça profondément chiant d'essayer de créer un rapport en écrivant sur le Net alors que pendant une rencontre ça se fait naturellement et effectivement il n'y a pas ce feeling. On a beau être dans une société hypermoderne et ultra-orientée sur la communication, rien ne vaut la vieille école de la réalité pas photoshopée (ça y est je me fais vieux quand je dis ça).

Angélique

On est d'accord. Moi je trouve ça bête de retoucher ses photos à part pour les magazines qui ont un idéal de beauté qui répond selon e = M6 à des critères scientifiques de beauté (faut que j'arrête de regarder la télé le dimanche moi !), eh bien pour les autres on se doute que la personne en face va le voir que ça a été retouché. Enfin bon, chacun fait ce qu'il veut après tout.

Alex

Maintenant qu'on a débattu sur la dynamique des rencontres au XXIe siècle, je peux te poser une question toute bidon : tu fais quoi dans la vie ?

Angélique

Je suis étudiante en droit, je passe en deuxième année là. Et toi, tu fais quoi ?

Alex

Je viens d'être diplômé d'une école de communication et de management et j'ai la chance de travailler pour ma propre boîte (www.lifestyle-conseil.com). Ça me permet de travailler quand et où je veux, d'être libre de mes choix et de voir la vie autrement que dans un bureau de 9 heures à 18 heures à travailler pour nourrir le rêve d'un autre.

Angélique

Exit *GQ* alors, c'est toi qui donnes les conseils. Dis-moi tout, comment être la plus belle sur la plage ?

Blague à part, c'est génial de travailler pour soi. J'espère en arriver là mais pour le moment j'en suis loin loin loin loin… Le bureau 9 heures 18 heures, je suis en plein dedans pour mon job d'été et même si c'est intéressant, c'est étouffant parfois.

Je rêve que d'une chose : les vacances.

Alex

Je ne vais pas pouvoir te dire comment être la plus belle sur la plage vu que je ne coache que les mecs. C'est vrai que j'ai cette chance mais mon but c'est surtout d'être libre financièrement pour pouvoir voyager dans le monde et découvrir de nouveaux horizons. Le monde est trop vaste, je ne peux pas rester qu'à Paris (même si je suis amoureux de mon quartier et que mon pied à terre sera toujours ici). Tu pars où cet été ?

Angélique

A priori Majorque, ça peut changer entre-temps mais je pense que ce sera ça.

Oui j'ai jeté un coup d'œil, j'ai vu que tu ne coachais que les mecs. D'ailleurs j'adore l'accent anglais du jeune homme à Nice.

Voyager, tu me vends du rêve là. Je suis en pleine hésitation de me faire une petite année sabbatique après ma licence. Mais bon je n'ai pas envie de finir mes études à 30 ans.

Et tu voudrais faire quoi comme pays ?

Alex

Pour commencer j'aimerais faire un vrai tour d'Europe, enchaîner sur les États-Unis et je compte finir par l'Asie. Il faut partir quand on est encore jeune, frais, plein d'envie et d'énergie. La vie, ça peut être plus chiant après, quand on croule sous trop de responsabilités et d'obligations. T'auras tout le temps de t'ennuyer après 30 ans, haha !

Angélique

Dis tout de suite qu'à 30 ans, c'est terminé, je ne serai plus fraîche du tout. Non, mais tu as raison, je pense que je vais me motiver.

Tout le monde est très attiré par l'Asie, moi ça me tente pas des masses mais bon faut pas mourir idiot alors je le ferai. Perso, je rajouterai Afrique et Amérique latine. J'ai fait pas mal de destinations mais bon ou j'étais trop petite, ou c'était plus pour faire la fête et j'étais pas trop en état de visiter du coup. Mais bon je compte bien remédier à cela.

Alex

Ah les voyages, il y a tellement de choses à dire…

Je ne suis pas misogyne mais il me semble que les mecs vieillissent mieux, il n'y a qu'à voir George Clooney par exemple, tu connais un équivalent féminin ?

Angélique

Euh… Brigitte Bardot ?

Haha, Nicole Kidman, Penelope Cruz, Halle Berry, moi je trouve qu'elles assurent toujours.

Alex

Attends, tu rigoles, Kidman c'est à deux doigts d'être un extraterrestre tellement elle est passée sur le billard. Penelope oui mais elle est plus jeune non ? Et Halle Berry ça compte pas, elle est black et on sait tous que c'est pas du jeu tellement elles vieillissent mieux.

Angélique

Penelope Cruz a 36 ans (merci Wikipedia), Nicole Kidman a 43 ans. Extraterrestre… tout de suite les grands mots. Bon, j'avoue, on voit qu'elle a été retouchée mais bon dans le genre il y a pire.

Enfin avec Penelope Cruz je marque tout de même un point, tu as fixé la limite à 30 ans.

Alex

Clooney 49 ans, je demande à voir Penelope dans 13 ans… Tu as Facebook ?

Angélique

Oui j'ai Facebook !

********** ****

Le mythe s'effondre, je m'appelle pas Angélique. C'était joli je sais.

Alex

Ah noooooooooooooooooooooooooooooooooooooon !

Je sais pas si je vais t'ajouter du coup.

Angélique

Loool

Y'a pas une règle qui dit que le prénom, on s'en fout ?

Quelques règles de conduite à retenir

Après avoir vu les points-clés du succès et les erreurs à ne pas commettre, je vous encourage à respecter quelques règles concrètes pour optimiser vos chances de rencontres.

Ne parlez jamais de votre physique avant qu'on vous le demande. C'est très vaniteux et superficiel d'engager la conversation sur son physique. Vos photos se suffisent à elles seules et elle pourra se faire son idée le jour de votre rencontre. Plus généralement vouloir se faire valider sur son physique traduit un manque de confiance en soi.

Ne vous auto-complimentez pas. J'ai vu des centaines de fiches où les hommes écrivent à quel point ils sont géniaux. C'est là aussi faire preuve d'une auto-complaisance qui n'a rien de séduisant. Une femme s'imaginera très rapidement que votre comportement est à la hauteur de vos écrits, c'est-à-dire sans intérêt.

Ne tombez pas dans la vantardise et l'autosatisfaction. Vous êtes sur un site de rencontres, alors il est inutile de jouer au play-boy qui réussit tout dans sa vie. Vous devez faire preuve d'un état d'esprit ouvert, humble et positif. Modérez vos forces et vos qualités, les femmes n'en seront que plus épatées de les découvrir en vrai.

Ne soyez pas aigri envers les femmes. Si une femme ne répond pas à vos mails, ne l'insultez pas. Son refus est d'ailleurs une occasion de vous améliorer et il y a suffisamment de femmes à rencontrer pour que vous restiez léger en cas d'échec. Les femmes n'aiment pas les hommes qui ont sans cesse quelque chose à reprocher à la gent féminine.

Évitez les clichés et les généralités. Beaucoup d'hommes aiment *Fight club*, *Matrix*, faire du sport et portent *Le Mâle* de Jean Paul Gaultier. Soyez différent, exposez des goûts particuliers et affirmez une personnalité qui sort des sentiers battus. Après avoir créé un compte femme pour étudier la concurrence sur un site de rencontres, j'ai été choqué de voir que peu d'hommes sortent du lot avec de belles photos, une annonce originale et des messages vraiment amusants.

Ne soyez ni lourd ni prévisible dans vos approches. Les femmes reçoivent souvent les mêmes messages. Vous devez vous creuser les méninges pour lui envoyer un texte personnalisé, drôle et accrocheur. Aidez-vous de son profil s'il vous faut de l'inspiration.

Faites de vos défauts, des qualités. Si l'oral n'est pas votre fort, rattrapez-vous à l'écrit pour briser la glace et vous mettre à l'aise pour la rencontre. Vous êtes petit ? Affirmez une personnalité et un style unique. Vous avez un job ennuyeux ? Multipliez les activités et partagez vos passions avec les autres. Vous avez peu d'argent ? Organisez une balade sur les quais de Seine et demandez-lui d'apporter une bouteille de vin. Il y a toujours une façon de contourner vos défauts.

Fuyez la banalité. Évitez les photos avec vos potes en boîte de nuit, les annonces banales qu'on peut lire cent fois par jour et les approches bidon du style : « Salut ça va ? On peut faire connaissance ? » Fuyez également la banalité chez les femmes et les nombreux clichés dont elles peuvent faire preuve. Cherchez à établir une relation unique avec une personne unique.

Oubliez les discours misogynes. Il est inutile de dire que les femmes vous déçoivent et que vous avez été trahi, ni que vous ne pourrez plus aimer à nouveau à cause du caractère infidèle des femmes. Dire que votre ex était un démon n'est pas constructif non plus. Laissez votre haine au vestiaire et partez sur de nouvelles bases plus constructives.

Amusez-vous. Arrêtez de vous comporter comme si vous jouiez votre vie à chaque envoi de message. Vous ne devez pas vous prendre au sérieux, il s'agit d'un site de rencontres où tout peut arriver. Vous pouvez avoir un bon feeling avec une femme et ne jamais la voir. En revanche, vous pouvez rencontrer une femme et boire un verre avec elle dans la même journée. Vous devez vous amuser et apprendre de toutes ces situations.

4 GÉRER SES RELATIONS

Si la sexualité est à peine évoquée dans le coaching en séduction, la gestion d'une relation est carrément éludée. Vous avez tout un tas de ressources pour apprendre à séduire, mais aucune pour apprendre à garder une femme près de vous. Pourtant, avoir une relation saine aura un immense impact sur votre vie, et ce peut-être pour des dizaines d'années.

De préférence, ayez des attentes claires et définies avant de coucher ensemble. En effet, une femme ne va pas attendre de coucher avec vous pour avoir une idée de ce qu'elle veut vivre avec vous. Si vous ne l'aidez pas à comprendre ce que vous voulez, elle va le deviner ou partir du principe que vous voulez la même chose qu'elle. Cela peut être source de mésententes et de mauvaises interprétations. Si elle a l'impression que vous ne savez pas ce que vous voulez, elle aura tendance à peu vous prendre au sérieux, pensez-y.

Cela dit, je dois vous mettre en garde. Si vous recherchez une relation longue, faites attention à votre manière de le verbaliser : cela peut effrayer la femme, surtout si elle cherche une histoire sans conséquences. Donnez des indices de vos intentions et n'oubliez pas la stratégie du : « Prenons notre temps, pour le moment on est bien comme ça, laissons les choses évoluer comme on le sent », cela enlève toute pression pour les deux partenaires.

Que vous envisagiez une relation « *friends with benefits* » ou une relation longue, il y a des règles immuables à respecter :

- L'honnêteté, la sincérité et le respect sont les fondations de n'importe quel type de relation.
- En tant qu'homme, vous êtes un minimum responsable d'elle, elle doit se sentir en sécurité.
- Le pouvoir dans une relation va à celui qui en a le moins besoin. C'est l'un des grands paradoxes des relations de couples.
- Ne jamais, jamais, jamais, jamais mentir. Pourquoi ? Parce que, de son côté, cela justifiera les éventuels futurs mensonges de sa part (« Il m'a menti, alors je peux en faire autant »). De plus, vous vous trahissez. Mentir à votre copine signifie que vous considérez ce que vous faites comme inacceptable. Comment voulez-vous qu'elle accepte une chose à laquelle vous ne croyez pas vous-même au point de mentir ? Mentir, c'est aussi apparaître faible. Les hommes forts sont honnêtes à propos de tous les sujets. Les autres mentent. Et enfin, mentir n'est pas nécessaire. Vous pouvez avoir ce que vous voulez en étant confiant.

Les règles étant posées, voyons quelles options s'offrent à vous. Soit vous voulez une *sex friend*, soit une relation longue.

Comment débuter et entretenir une relation longue ?

Le principe-clé : le challenge

Pour garder une femme, s'il n'y a qu'une chose à retenir, c'est celle-ci : continuer d'être un challenge, non pas pour elle, mais pour vous. Challengez-vous. En effet, se challenger est le meilleur moyen de continuer à avoir une vie épanouissante, qui vous motive et où vous trouverez d'autres sources d'accomplissement que votre petite amie. Vous vous fixerez des objectifs, vous aurez un plan de vie clair et solide, et ça, c'est très rassurant et attirant pour une femme, car vous démontrez des qualités de persévérance, de prise de risque, de confiance, d'ambition et de travail. Vous comprenez maintenant l'importance d'être un challenge pour soi et non pour elle ?

De ce fait, avoir une vie remplie lui montrera qu'elle n'est pas votre seul centre d'intérêt. Et, paradoxalement, c'est extrêmement attirant pour elle. Si vous comprenez ce concept dans sa globalité et ce qu'il implique, vous ne serez plus jamais quitté.

À ne surtout pas faire

Il est très facile de saboter une relation. Voici ce que vous ne devez jamais faire :

- *Douter ouvertement de votre pouvoir de séduction.* Dès que votre amie sentira que vous pensez ne pas être capable de séduire d'autres femmes et que vous restez avec elle pour ne pas être seul, vous êtes un homme mort. Cela montre un vrai manque de confiance en vous et c'est très, très mauvais pour vous.
- *Lui prêter trop d'attention et/ou négliger vos amis, votre famille et vos passions pour votre copine.* Cela sous-entend un manque de contrôle de votre part et la place démesurée que vous accordez à votre amie pèse lourd sur ses épaules. Elle ne veut pas de cette pression, elle veut se sentir en sécurité avec vous.
- *Laisser la routine s'installer.* Quand vous ne découvrez plus rien tous les deux, que vous stagnez sexuellement, attention, les sentiments baissent petit à petit, mais de manière très insidieuse. Soyez créatif, et allez découvrir de nouvelles choses, de nouveaux lieux, et pourquoi pas de nouveaux pays.

- *L'écraser avec vos problèmes et vos blessures du passé.* C'est votre petite amie, pas votre psy.
- *Paniquer à la moindre baisse d'intérêt de sa part*, et chercher à provoquer des réactions par des pleurs et des caprices. C'est un aller simple vers la rupture déchirante.
- *Avoir une vie sexuelle de mauvaise qualité.* C'est la voie royale vers la rupture.

Les différentes étapes d'une relation

La phase passionnée

Vous la connaissez bien, c'est la phase sexuelle, sauvage, tendre où vous êtes au top. Les sentiments sont très forts. Cette phase dure entre trois et cinq mois. Les erreurs que vous ferez seront facilement ignorées par elle, car votre couple surfe sur la passion des débuts.

La phase terre à terre

Au bout de six mois, vous avez l'impression que les choses deviennent un peu fades et vous réalisez que ces derniers mois, vous aviez la tête dans les nuages. Votre activité sexuelle baisse un tout petit peu, mais vous êtes plus affectueux et plus tranquilles. C'est le moment des surnoms un peu idiots, des films regardés le samedi soir, etc. Ces moments d'intimité sont nécessaires et absolument reposants pour l'esprit. Beaucoup de couples paniquent face à cette baisse de passion qui est pourtant parfaitement normale. Vous devez accepter que la passion du début fasse place à de la sérénité et à un niveau plus profond de connaissance de l'autre. C'est une relation plus mature, plus sincère et plus adulte. On s'aime autrement, moins passionnément, mais plus profondément. Il faut soi-même être suffisamment mûr dans sa tête pour accueillir cette évolution avec bienveillance, pour plusieurs années. La relation s'équilibre, et des projets à long terme se dessinent (fonder une famille, acheter une maison...). Si vous souhaitez que votre couple dure très longtemps, il vous faudra faire des efforts constants pour conserver cette relation harmonieuse.

Mais c'est également la phase où la rupture peut arriver si vous ne maintenez plus de tension et si vous arrêtez de vous challenger. Là, vous serez dans la mauvaise direction. Lui manifester trop ou pas assez d'attention devient de plus en plus dangereux pour votre couple.

La phase où tout flambe

Là, ça commence à sentir le roussi, la relation est en train de cramer. Ça commence par les signaux suivants : vous descendez dans ses priorités, elle commence à vous mentir, elle ne vous inclut plus dans ses projets, elle préfère voir ses amies que sortir avec vous, elle vous parle de plus en plus mal (même en public), fait des cachotteries, n'est plus la même sexuellement et n'hésite pas à vous marcher sur les pieds (parfois sans s'en rendre compte). Pire encore, vous commencez à devenir jaloux alors que ça ne vous était jamais arrivé. C'est un signe à ne pas prendre à la légère, il est révélateur des insécurités qui naissent en vous. Et justement, si des insécurités apparaissent, c'est parce que vous ne vous épanouissez plus dans votre relation, vous n'êtes plus valorisé, et vous commencez à avoir peur de l'abandon.

Dans ces moments-là, vous n'avez qu'une seule solution viable, quelle que soit l'issue de votre relation. Il s'agit de ne pas céder à la panique et de trouver absolument d'autres sources d'affection dans votre vie : famille, amis, loisirs, sorties. C'est extrêmement important, car vous vous trouvez dans une période de carence affective qui s'amplifiera quand votre petite amie s'éloignera de plus en plus. Le redoutable paradoxe se met en place : vous l'aimez toujours davantage, vous en souffrez, vous recherchez de plus en plus sa présence, et de son côté, elle s'éloigne petit à petit. La panique et les pleurs ne changeront rien. Comme je vous l'ai dit, la seule voie salvatrice pour vous sera de ne pas paniquer et d'aller chercher de l'affection et de la reconnaissance ailleurs.

Dans le cas contraire, les deux courbes d'intérêt l'un pour l'autre commencent à prendre deux directions différentes. L'une plonge, par lassitude et envie d'espace, l'autre au contraire monte en flèche, à cause de la peur d'être abandonné. L'autre partenaire devient alors source de possessivité (ce qui l'éloigne encore plus du dépendant), et le piège se referme peu à peu pour le dépendant. La rupture est toute proche.

La rupture

L'avion se crashe, les débris sont en feu, et les survivants en plein désespoir. Résistez autant que possible à la colère qui va vous submerger. Acceptez dans un premier temps la rupture et occupez-vous. Où plutôt, forcez-vous à vous occuper.

La phase montagne russe

C'est sûrement la pire. C'est l'intensité des débuts, mais avec cette fois-ci des sentiments négatifs impliqués : colère, culpabilité, désespoir, sentiment d'abandon et surtout, un besoin viscéral du corps de l'autre et l'espoir secret de se remettre ensemble. Quand des rechutes avec votre ex apparaissent, c'est encore pire. Le premier danger est de vivre dans l'espoir plutôt que dans la réalité, ayez-en conscience. C'est très difficile de prendre les bonnes décisions, tant vos émotions font des loopings. La présence d'un ami lucide et neutre est plus que recommandée dans ces moments-là.

Comment rompre comme un gentleman ?

Il peut aussi arriver que la baisse de sentiments vienne de vous et que vous vouliez rompre. Quand vous n'êtes plus épanoui, que vous ne ressentez plus de désir, et que vous pensez franchement à vivre une autre histoire, il est effectivement temps de passer à autre chose.

Rompez avec calme et sincérité. Votre amie se sentira énormément dévalorisée, mais il faudra en passer par là. Vous n'avez pas forcément à vous justifier de la baisse de sentiment, d'autant plus que vous risquez de lui faire remonter des souvenirs de ruptures passées (« Mon ex avant toi m'avait déjà dit ça, mais enfin qu'est-ce qui ne va pas chez moi ? blablabla… »).

C'est une évidence, mais vous avez l'obligation de rompre face à face, et non par SMS ou par téléphone. C'est une question de respect des plus basiques qui soient.

Rassurez-la sur sa personne. Dites-lui tout le bien que vous pensez des moments passés avec elle, de ce qui vous a particulièrement touché chez elle, et insistez sur le souvenir positif que vous garderez d'elle. Dites-lui aussi tout ce qu'elle vous a apporté.

Elle va peut-être chercher à provoquer des réactions chez vous, par de la colère, de la haine, ou des pleurs, ce qui est normal. Voyez ça comme un message d'amour désespéré, cela vous aidera à mieux encaisser et à ne pas lui en vouloir (parce que vous n'avez pas à lui en vouloir, elle ne sait pas elle-même gérer la rage d'une rupture).

Résistez absolument à la tentation de lui dire que vous l'aimez encore « mais que c'est mieux ainsi ». Sinon, elle vivra dans l'espoir de se remettre avec vous, plutôt que dans la réalité de la rupture, et restera longtemps prisonnière de ces faux espoirs.

Une rupture provoque souvent des poussées de désir extrêmement fortes pour l'autre. Si vous l'avez quittée, ne couchez sous aucun prétexte avec elle, toujours pour éviter de la maintenir dans l'espoir. Je sais que c'est difficile, mais n'oubliez pas qu'en tant homme, vous êtes un minimum responsable d'elle.

Enfin, accordez-vous une période de nostalgie, car essayer de retenir ses émotions à tout va pour montrer qu'on est un homme fort ne sert à rien, à part à rassurer votre ego. Acceptez votre tristesse passagère, et mettez-vous dans la tête que cela ne fait pas de vous un homme faible.

Comment surmonter une rupture douloureuse ?

Le premier réflexe à avoir est de couper les ponts, que vous vouliez la récupérer ou pas, il y a un temps de décantation absolument nécessaire. Résistez à tout prix à l'envie de lui envoyer un texto, cela équivaudrait à enlever votre main de la plaie qui saigne encore. Si elle vous contacte, répondez-lui de manière polie et cordiale. Combien de temps est-ce que la période zéro contact doit durer ? Le temps que la colère s'en aille et que vous acceptiez avec bienveillance ce qui s'est passé et les erreurs de chacun. Une fois cette neutralité émotionnelle atteinte, cela voudra dire que vous êtes prêt à la recontacter, si vous en avez envie.

Retenez une chose, que vous vouliez récupérer votre ex ou non, l'attitude à avoir est strictement la même : être décomplexé et agir avec décontraction. Après une rupture, on continue quand même à encaisser des coups émotionnels. Dans le pire des cas, elle cherchera à provoquer une réaction chez vous en vous faisant la tête, ou en vous reprochant tous les défauts du monde. Ne réagissez pas, et continuez à être heureux. Elle doit absolument comprendre que quoi qu'elle fasse, elle n'entachera pas votre bonheur. Elle aura donc tout intérêt à avoir une attitude correcte envers vous. Cela demande énormément de contrôle et de sérénité intérieure, mais voyez ça comme une période formatrice de votre vie. Et puis cela vous obligera à faire réellement des choses qui vous rendent heureux. Cela risque de mettre votre ex encore plus en colère. Mais comprenez bien que ce n'est que l'expression d'une souffrance de sa part. N'oubliez jamais que la colère et les sentiments amoureux sont finalement très proches et prouvent une chose : on investit des émotions uniquement pour quelqu'un qui nous tient à cœur. Quand on se fiche de l'autre, on l'ignore, et on ne ressent plus aucune émotion pour lui. J'espère que cela vous aidera à voir d'un autre œil les moments de colère de votre amie.

Pensez aussi à faire beaucoup de sport après une rupture. Cela vous permettra d'éviter le contrecoup physique, de libérer le stress accumulé, de vous sentir plus en forme, et vous renverra une bonne image de vous-même.

Comment gérer une relation avec une sex friend *?*

Vous couchez ensemble. Une petite discussion peut être profitable pour connaître ses attentes. Dans tous les cas, ne la voyez que pour du sexe, sinon ça peut vite déraper sur des attentes de relation longue. Évitez aussi les rendez-vous romantiques.

C'est peut-être une simple *sex friend*, mais ça ne vous empêche pas de la traiter avec respect. Ne l'appelez pas en fin de soirée quand vous avez un peu trop bu, il n'y a rien de tel pour qu'elle ait l'impression d'être une consolation quand la soirée n'a rien donné.

N'hésitez pas à décomplexer le sexe, en le présentant comme quelque chose d'agréable pour vous deux. Bien que vous l'appréciiez et la respectiez, faites attention à ne pas lui accorder la place d'une petite amie. Le meilleur moyen de maintenir cette relation dans l'état d'esprit *« sex again and again »* reste encore de lui demander de manière drôle et légère si elle arrive à trouver le grand amour.

Mais pour être honnête avec vous, c'est une relation qui n'est pas viable sur le long terme. Si vous couchez ensemble régulièrement (plusieurs fois par semaine) pendant un mois ou deux, il est impossible que des sentiments ne se développent pas. Faire l'amour est une expérience très forte et émotionnelle pour une femme, surtout si ces moments sont formidables. Une femme ne peut pas rester insensible à ce traitement de choc plus d'un mois, à moins qu'elle ait une vie sexuelle très active en dehors de vous. Elle développera forcément des sentiments d'attachement très forts pour vous. C'est quasiment biologique.

Vous aussi, vous pourriez bien être pris à votre propre jeu. Si vous déprimez pendant deux jours lorsqu'elle vous annonce avec enthousiasme qu'elle a rencontré un homme super et qu'elle a passé une nuit torride avec lui, c'est que vous avez sous-estimé votre attachement. Continuer dans cette voie vous fera souffrir, car vous commencerez à avoir de plus en plus peur qu'elle couche avec un autre homme.

Dans ce cas, il est temps de changer, d'évoluer vers une relation longue. Là, ce n'est pas très compliqué, vous avez juste à faire des activités de couple : shopping, ciné… Intéressez-vous vraiment à elle et pas uniquement à son corps. Montrez-lui que vous pouvez vous investir. Cela peut se traduire par des choses très simples : des petites attentions, un SMS sympa et coquin, ou pourquoi pas la préparation d'un repas par vos soins. Mais ne la forcez surtout pas, ne soyez pas intrusif, et n'en faites pas trop (évitez poèmes, fleurs et cadeaux idiots). Elle peut aussi avoir besoin de distance pour se rassurer et faire le point sur ses attentes. Laissez-la prendre du recul avec le cœur bienveillant. Si elle veut se rapprocher, rapprochez-vous.

Petit à petit, présentez-lui vos amis, passez des week-ends ensemble, voyez-vous deux ou trois fois dans la semaine, communiquez quotidiennement ou presque… Au final, faites-vous plaisir tous les deux. C'est aussi simple que ça.

5 VIVRE UNE SEXUALITÉ ÉPANOUIE

Dans le milieu du coaching en séduction, le sexe est clairement un sujet qui n'est pas assez abordé, ce qui en fait presque une partie secondaire d'une relation. Pourtant, c'est exactement le contraire : le sexe est un pilier très fort dans toutes vos relations avec les femmes. J'ai une amie qui sortait avec un crétin qu'elle refusait de quitter parce qu'elle pensait ne pas trouver un aussi bon amant que lui. Cette anecdote illustre bien l'impact d'un homme qui sait donner et faire l'amour. De plus, la qualité de votre vie sexuelle est un indicateur fiable de la santé de votre relation.

Là aussi, on pourrait écrire des livres entiers sur la sexualité, et c'est ce qui se passe. Pour être honnête avec vous, je ne pensais pas écrire sur la sexualité, mais simplement donner quelques recommandations de lectures. Pourtant j'ai décidé d'inclure ce chapitre parce que je n'ai trouvé aucun ouvrage qui me correspondait totalement ou avec des conseils suffisamment pertinents à mes yeux (sans compter la masse de livres complètement démagogiques).

Je vous propose ici une approche que j'estime nouvelle, efficace et épanouissante pour vous. Je n'aime pas les formules magiques, mais il y a quand même une chose que je peux vous promettre : en appliquant ce que vous apprendrez dans ce chapitre, les femmes apprécieront beaucoup et rechercheront vos talents d'amant exceptionnel.

Commençons sans plus tarder.

Les principes de base de la sexualité

Ce que je vais exposer va peut-être décevoir les techniciens du lit, mais vous devez absolument comprendre que les femmes, avant d'être excitées physiquement, doivent être stimulées psychologiquement. En y réfléchissant, c'est tout à fait logique : entre un homme qui a une vision très technique, focalisé sur des détails rationnels, et un homme passionné, brûlant de désir, sauvage, quel est le profil vers lequel une femme sera naturellement attirée ? Quand une femme se sent mal à l'aise à l'idée de faire l'amour, son corps agit en conséquence : sécheresse vaginale, douleur… Quand la tête ne veut pas, le corps ne veut pas, retenez-le bien.

C'est parce qu'il est important d'exciter l'esprit d'une femme que je vais beaucoup insister sur la communication pendant l'acte sexuel. Avec un peu d'expérience, vous serez capable de rendre complètement folle une femme simplement avec quelques mots pendant que vous lui ferez l'amour.

N'oubliez pas, une femme ne veut pas d'un gynéco au lit, elle veut un homme qui excite son esprit.

L'autre point sur lequel je voudrais insister est votre perception du sexe. Vous devez être dans une logique de générosité. Vous ne prenez pas du sexe à une femme, ce n'est pas elle qui daigne vous offrir son corps devant tous vos efforts déployés, c'est vous qui lui offrez du sexe, et plus globalement, un moment de partage très fort. Arrêtez de penser qu'il n'y a que les hommes qui veulent du sexe, les femmes en veulent autant (si ce n'est plus) que nous. Ne donnez jamais une valeur marchande au sexe, et ne laissez jamais vos femmes en faire du chantage (« Si tu ne fais pas ça, pas de sexe ce soir ! »), cela installe une très mauvaise dynamique insidieuse, qui sous-entend que l'un a plus besoin de sexe que l'autre, et surtout, qu'elle détient entièrement le pouvoir.

Aussi, j'aimerais que vous soyez responsable. Quand une femme se met à nu et vous fait une place dans son intimité, vous avez un minimum de responsabilités. C'est-à-dire que votre rôle d'homme vous oblige à bien vous occuper d'elle, à la tirer vers le haut. Donnez-lui de l'amour, de l'affection, et n'ayez pas peur de le faire.

Avoir une vie sexuelle centrée sur soi, faisant l'amour uniquement pour soi est le meilleur moyen de passer à côté de la richesse d'une bonne (et belle) vie sexuelle.

L'importance de la confiance sexuelle

La confiance sexuelle est la confiance que vous avez en vous, mais appliquée au sexe, tout simplement. On est confiant sexuellement quand on sait qu'on va forcément passer un bon moment, et qu'on n'a pas peur. Ne pas avoir peur est très important, car cela vous offre la liberté d'agir.

Il y a plusieurs moyens, plus ou moins directs de booster sa confiance sexuelle :

- *Arrêter d'idéaliser les belles femmes.* Le sexe se vit sur un pied d'égalité, il n'y en a pas un qui en a plus besoin que l'autre. Sachez qu'une belle femme est tout aussi sensible que vous, si ce n'est davantage, même si elle laisse paraître le contraire. Il faut absolument que vous vous débarrassiez de l'idée que vous ne méritez pas son corps magnifique et que c'est une opportunité rare pour vous.
- *Agir normalement et naturellement.* Beaucoup d'hommes deviennent nerveux à l'idée d'avoir une relation sexuelle et pensent qu'il faut agir différemment, parfois même en cachant leurs intentions. C'est néfaste dans le sens où vous manquez de sincérité envers vous-même. Un homme qui agit de manière confiante et confortable sera bien plus attirant. En agissant ainsi, vous vous apercevrez que c'est dans la logique des choses : vous êtes un homme, vous avez envie d'une femme, et vous agissez en conséquence. Vos actions deviendront totalement normales pour vous – car elles le sont.

- *Avoir une vie sexuelle abondante.* Facile en théorie, mais plus compliqué en pratique. Vous multiplierez les expériences et vous serez définitivement plus à l'aise.
- *Se débarrasser de la peur d'être rejeté.* C'est complètement paradoxal : vous devez accepter que vous puissiez être rejeté pour être confiant sexuellement. La peur est très nocive pour votre confiance sexuelle.
- *Et enfin, être à l'aise avec son côté animal.* Si une femme voit qu'un homme est trop logique, trop rationnel, trop bien éduqué, trop technique elle sait inconsciemment qu'elle ne sera pas beaucoup excitée. Libérer son côté animal, c'est avant tout être en accord avec son désir sexuel et être dominant. Je développerai ce point un peu plus tard.

Les 5 erreurs à ne pas commettre au lit

Ces cinq erreurs sont trop souvent récurrentes chez les hommes, et illustrent bien les points que nous allons travailler dans ce chapitre :

1. Vouloir durer le plus longtemps possible

Raisonner ainsi, c'est s'imposer une pression qui n'a pas lieu d'être, comme si vous aviez quelque chose à prouver.

2. Demander à votre copine si elle a joui, juste après l'acte

C'est le même mécanisme, vous êtes en attente de validation parce que vous estimez que vous devez faire vos preuves, ce qui sous-entend que le sexe est une épreuve difficile. C'est très mauvais pour l'estime de soi, et cela vous empêche de profiter complètement de la richesse d'une sexualité épanouie.

3. Se prendre pour un dieu du sexe/un nul au lit

Ce sont les deux faces d'une même pièce : une représentation égotique déformée. S'il est bien d'être un minimum confiant en ce qui concerne ses capacités sexuelles, il faut faire preuve d'un minimum d'humilité. Je vais vous livrer un petit secret : si votre amie prend un pied incroyable à chacune de vos nuits torrides, c'est qu'elle y est aussi pour quelque chose (bonne confiance sexuelle en elle, bon état d'esprit de sa part, etc.), ne l'oubliez pas. Sachez enfin que sexe et ego font très mauvais ménage, il n'y a qu'à voir à quel point toute critique de nos capacités sexuelles est blessante pour nous. En revanche, le sentiment d'euphorie provoqué par le fait de savoir qu'on est un dieu du sexe prouve bien que votre ego a une emprise très forte sur votre sexualité. Se prendre pour un dieu du sexe, c'est sombrer dans la prétention. L'effet pervers sera que vous vous déconnecterez petit à petit des femmes et de leurs vrais besoins. Et se dire qu'on est un dieu du lit sous-entend également que le sexe peut être quelque chose de difficile et contre-intuitif. C'est très mauvais pour vos croyances de base.

4. Ne pas mettre d'émotions, ne pas communiquer

La peur de communiquer tire son origine de l'essence même de l'acte sexuel : se mettre à nu. En effet, cela peut être très angoissant pour un homme un peu timide de se mettre complètement à nu devant une femme, aussi bien sur un plan physique qu'émotionnel. Pour d'autres, se montrer passionné est un échec car ils pensent ainsi perdre de leur valeur en abattant leurs cartes. C'est une vision à laquelle je n'adhère pas, et aux antipodes des idées de générosité et de responsabilité que vous devez avoir à propos de la sexualité.

5. L'erreur la moins glamour du chapitre : ne pas prendre soin de vos parties intimes

Vous aimez les femmes épilées, j'imagine ? Alors pourquoi ne pas en faire autant ? Sans aller jusqu'à tout enlever comme un acteur de film X, ayez quelque chose de propre et net, une paire de ciseaux fera très bien l'affaire. Vous y gagnerez en hygiène et votre sexe aura même l'air un peu plus long.

Ces cinq erreurs illustrent bien la nécessité d'avoir trois solides fondations pour sa sexualité : domination, émotion, et détachement.

Le fait d'être dominant au lit est la première chose sur laquelle vous devez travailler, pour la simple raison que c'est dans votre nature d'homme de prendre les choses en main.

Mais la virilité sans émotions équivaut à une scène de film porno, je veux donc que vous appreniez à vous ouvrir, et surtout, à ne pas avoir peur de le faire.

Enfin, le détachement intérieur vous permettra d'atteindre des sommets insoupçonnés. C'est en maîtrisant cette dernière composante que vous prendrez conscience que le sexe est très bénéfique pour l'esprit (les tantristes considèrent d'ailleurs que c'est l'expérience de méditation ultime).

Comment être dominant ?

Être dominant au lit est extrêmement logique. Pensez à votre petite amie, qui fait des efforts pour être la plus féminine possible. Elle met de la belle lingerie, se maquille, s'épile, prend soin de son corps, porte des talons... Ne pensez-vous pas que la moindre des choses est de faire honneur à sa féminité en étant masculin ? C'est une évidence, mais peu d'hommes en ont conscience. Je suis convaincu que la base du problème, c'est le manque d'amour de la plupart des hommes pour les femmes. Ils ne les désirent pas assez, de manière saine et assumée. J'en ai rencontré qui n'avaient même pas envie de levrettes endiablées ou de câlins du dimanche matin. Un comble lorsque l'on veut devenir plus séduisant !

Trop d'hommes partent à la conquête des femmes uniquement pour satisfaire un ego blessé et être rassuré sur leur pouvoir de séduction. C'est très mauvais ! C'est un peu comme si vous vous lanciez dans la chanson dans le seul but de passer à la télé. Laissez tomber ces motivations et tournez-vous vers les femmes. Apprécier et surtout être sensible à la féminité d'une chute de reins ou du galbe d'une poitrine est vital pour votre sexualité. Non seulement les femmes aiment les hommes qui savent apprécier leur féminité, mais surtout, elles vous le rendront bien ! Les filles sont énormément sensibles à l'aura sexuelle. L'aura sexuelle d'un homme est sa capacité à voir la vraie féminité d'une femme et à y réagir de manière masculine.

En résumé, pour faire honneur à la féminité des femmes, il faut y être sensible. Et c'est en développant cette sensibilité que vous vous sentirez beaucoup plus responsable et masculin.

Mais concrètement, c'est quoi être dominant au lit ? Avant de développer, retirons toute ambiguïté : il ne s'agit pas d'écraser les femmes dans la vie, loin de là. Mais dans la chambre à coucher, quand un homme et une femme font l'amour, les règles du jeu changent. Ce sont des logiques émotionnelles qui entrent en jeu, et absolument pas rationnelles. De ce fait, les femmes ont besoin d'hommes dominants au lit, comme elles ont besoin de se montrer féminines.

Bien évidemment, il ne faut jamais exiger et forcer une femme à faire quelque chose qu'elle ne veut pas. Mais a priori, si vous suivez les conseils de ce chapitre, vous ne rencontrerez jamais de refus. Cela dit, au moindre « non » de sa part, dédramatisez la situation, rassurez-la, dites que vous comprenez, que ce n'est pas grave et donnez-lui beaucoup de tendresse. Fin de la parenthèse sur cette nuance capitale.

Être dominant, c'est avant tout ne pas avoir peur. Ne pas avoir peur de prendre les choses en main et ne jamais demander la permission, mais ordonner. Le grand classique : la levrette. Plutôt que demander « on peut faire une levrette ? », dites « mets-toi à quatre pattes » et guidez-la. Rien ne vous empêche de le faire avec un sourire et une voix passionnée. Vous allez voir, c'est un peu impressionnant au début de donner des ordres au lit, mais on y prend très vite goût jusqu'à trouver ça parfaitement normal et naturel.

N'ayez pas peur aussi de faire du bruit, de respirer bruyamment et, plus largement, de faire ressortir votre côté sauvage. Si vous prenez votre pied, montrez-le ! Et n'ayez pas peur de le dire ! Je le répète, un homme dominant n'a pas peur de montrer qu'il prend du plaisir.

Aussi, osez l'agripper fermement parfois : lui tenir le dos, les hanches, la nuque… La fessée en levrette est, à ce titre, très pratique : son impact émotionnel est très fort, alors que son impact physique l'est beaucoup moins. C'est une très bonne image pour comprendre l'importance de la dominance couplée à une excitation psychologique.

Enfin, le dernier outil sous-utilisé par les hommes mais extrêmement puissant est ce que les Américains appellent le *dirty talk*, c'est-à-dire l'art de parler vulgairement et crûment à une femme pendant que vous lui faites l'amour. Pour beaucoup, c'est perçu comme totalement irrespectueux envers la femme. Et vous avez raison. Dans un contexte social, on ne doit jamais parler à une femme de cette manière, mais rappelez-vous, pendant un acte sexuel, les règles du jeu changent totalement. Ce qui est impensable dans la vie quotidienne devient faisable dans des moments torrides. Il faut bien comprendre que vous ne manquez pas de respect à une femme quand vous lui parlez ainsi, vous exprimez juste quelque chose d'animal et de sauvage que vous assumez.

Il y a quand même trois conditions indispensables au *dirty talk* :

- Que votre copine ait une bonne confiance sexuelle et un profond sentiment d'être respectée par vous. C'est extrêmement important, sinon, elle pourrait se sentir blessée.
- Ne pas faire de *dirty talk* dès les premiers rapports, alors que votre amie hésite encore à se donner totalement à vous.
- Ajouter beaucoup de tendresse et d'affection pendant et après l'acte sexuel, qu'elle comprenne que vous l'aimez et qu'elle est en sécurité avec vous.

Si ces quelques conditions sont respectées, les femmes ne prendront jamais mal vos paroles un peu crues, bien au contraire.

Comment être émotionnel ?

Un homme émotionnel au lit est immensément excitant pour une femme, c'est une certitude. Et puis ça la rassure beaucoup. Contrairement à ce que beaucoup d'hommes pensent, au lit, ce n'est pas à la femme de s'ouvrir en premier. S'il y a une part de la femme qui veut être dominée, il y en a une autre qui veut ressentir des émotions pendant l'acte.

Quand elle verra que vous vous ouvrez, que vous n'avez pas peur d'afficher vos émotions, elle se sentira très rassurée et pourra faire de même. N'hésitez pas à encourager les moments où vous sentez qu'elle ose quelque chose d'inhabituel pour elle, en lui disant que ça vous excite et que vous la trouvez très sexy. La nouveauté et la création sexuelles seront valorisées dans sa tête, ce qui la mettra dans une bonne dynamique. Voyant qu'elle est bien accueillie en sortant de sa zone de confort sexuel, elle augmentera drastiquement sa propre estime sexuelle.

Le *dirty talk* vu plus haut a son équivalent émotionnel : la communication très affectueuse. De manière concrète, n'ayez pas peur de dire à votre amie à quel point elle vous excite, combien vous la trouvez belle et sexy et que vous adorez ce qu'elle vous fait. C'est quelque chose qui doit absolument être sincère et venir du cœur. Là aussi, on vous a conseillé de ne pas trop complimenter une femme, de ne pas montrer vos sentiments, mais une fois de plus, pendant que vous faites l'amour, les règles changent complètement. Il est également très important de verbaliser l'excitation et les sentiments qu'elle ressent pour vous : « Je sais que tu adores ça », « Tu es super-excitée, j'adore », etc.

Être émotionnel se traduit physiquement par des baisers fougueux, des caresses, des mots doux, des gros câlins après l'amour. Mais encore une fois, cela doit vraiment venir de votre cœur et de votre état d'esprit généreux (vous êtes à l'aise avec le fait de donner de l'amour).

C'est en combinant domination et émotion que la magie du sexe opère. Par exemple, dire que vous trouvez votre amie très sexy pendant une levrette sauvage avec votre main sur sa nuque est extrêmement puissant. L'un va avec l'autre. Mais il est vraiment nécessaire que vous soyez parfaitement à l'aise avec ces deux facettes de votre sexualité pour les exprimer, d'où l'importance d'être détaché des pensées parasites.

L'importance du détachement

Être détaché, c'est être dans le moment présent.

Le porno a ceci de négatif, qu'il construit à votre place vos fantasmes et vous détourne totalement de la femme qui est nue devant vous. Vous l'oubliez et votre esprit revient à des scènes que vous avez vues et n'est plus focalisé sur les sensations qui vous traversent. C'est très néfaste pour votre sexualité.

La clé du détachement est donc d'être immergé dans l'acte, de faire le vide dans votre esprit et de vous concentrer réellement sur vos sensations. C'est aussi le moyen d'augmenter votre endurance, car il faut savoir que l'éjaculation précoce survient quand votre corps cherche à cesser l'acte à tout prix car il ne se sent pas à l'aise. Or, quand vous êtes pleinement immergé, votre corps a envie de prolonger ce moment autant que vous le souhaitez.

Trop réfléchir est indiscutablement l'ennemi du détachement. Entre le culte de la performance, de la durée, de la taille, de la peur de mal faire, il y a des foules de réflexions qui vous traversent et qui vous éloignent de l'absence de pensées. Le seul moyen de casser cette dynamique est d'avoir un état d'esprit ouvert à la découverte. Quand vous allez au restaurant, ce n'est pas une fin en soi, c'est un bon moment que vous partagez. Et surtout, si le repas a été bon, vous ne vous dites pas « qu'est-ce que j'ai eu un bon coup de fourchette ! Et puis quand j'ai coupé la viande, j'ai tout simplement assuré comme un dieu. Mon coup de cuillère pour le dessert a aussi été parfait ». C'est pareil pour le sexe, c'est un bon moment mais pas une fin en soi. Et l'ego n'a aucune place dans ces moments aussi intimes.

Se débarrasser de la pression que vous pouvez vous infliger passe aussi par s'accepter tel que l'on est et ne plus craindre une petite baisse de régime de temps en temps. Ce n'est pas parce que vous êtes un peu précoce une fois ou deux que cela va mettre en péril votre relation. Accordez-vous le droit à l'erreur, et vous serez paradoxalement libéré d'un grand poids.

Vous remarquerez que j'aborde à peine l'aspect technique de la sexualité. C'est parce que je suis convaincu que la technique vient naturellement une fois que ces trois dimensions sont maîtrisées. En effet, quand vous aurez envie d'exprimer vos émotions, vous ferez spontanément un missionnaire en l'embrassant ou en faisant du bruit. Quand vous aurez envie d'être dominant, vous ferez naturellement une levrette, etc. La technique viendra naturellement pour vous.

Après avoir fait l'amour, parlez un peu de sexe si vous le souhaitez. En général, c'est à ce moment-là que les filles sont très ouvertes émotionnellement, et vous apprendrez beaucoup sur les femmes dans ces conversations. Votre amie vous dira spontanément ce qu'elle a beaucoup aimé, donc tendez l'oreille.

Comment réussir sa première fois ?

Ces quelques conseils vous concernent si vous êtes vierge.

On vous a martelé que de toute façon, « la première fois, ce n'est jamais top ». Je ne suis pas de cet avis, on peut très bien avoir une première fois réussie. Évidemment, ne vous attendez pas au nirvana, mais je vous assure qu'on peut passer un très bon moment lors de sa première relation sexuelle.

La clé de votre première fois sera à nouveau votre état d'esprit. Si vous vous êtes débarrassé de toute notion de performance et de durée, vous êtes sur de bons rails. Laissez votre désir et votre envie de découverte prendre le pas sur vos craintes, c'est extrêmement important. Profitez de ce tout nouveau territoire de courbes, de rondeurs et de douceur qui s'offre à vous…

Je recommande également de faire un massage avant si vous le pouvez, afin de canaliser votre excitation et de prendre votre temps.

En résumé : découverte + désir + droit à l'erreur = première fois réussie. C'est aussi simple que cela.

Enfin, ne lui avouez pas que vous êtes vierge, c'est mieux ainsi. C'est le seul mensonge par omission que je vous autorise. En effet, cet aveu ne serait qu'une source supplémentaire de stress pour votre partenaire et pour vous (« Comment va-t-elle le prendre ? Est-ce qu'elle voudra quand même de moi ? »).

6 S'ENTRAÎNER POUR S'AMÉLIORER

Après avoir lu tous les chapitres de ce livre, vous devez mettre en pratique votre savoir dans les différents domaines que nous avons traité. En effet, il n'y a qu'en pratiquant un minimum que vous pourrez intégrer de façon naturelle ces nouveaux modes de pensée et entrer dans une vraie dynamique de changement. Certains exercices pourront vous sembler compliqués de prime abord, mais c'est en restant constant dans vos efforts que vous pourrez progresser de manière significative. Une fois que vous aurez achevé tous les exercices avec succès, vous aurez les premiers repères pour devenir autonome dans les différentes sphères de la séduction. Si vous doutez encore de vos capacités après ces exercices, je vous encourage à nous rejoindre sur le site www.lifestyle-conseil.com pour travailler les points que vous souhaitez améliorer.

Séduire en 7 étapes

Apprendre à aborder

L'élément essentiel en séduction est de faire des rencontres. La façon la plus directe et la plus efficace d'en faire une est d'aborder une femme. Vous devez vous entraîner à le faire de façon naturelle. Je vous propose des exercices progressifs pour apprendre à aborder si vous n'êtes pas à l'aise avec cette idée. La première étape consiste à approcher une inconnue en lui demandant simplement un renseignement.

Demandez votre chemin ou le nom d'une rue ou d'un restaurant. Et à chaque nouvelle approche, ajoutez une étape supplémentaire en suivant cet ordre :

Étape 1

Faites un commentaire sur son style (demandez-lui où elle a acheté ce petit bracelet par exemple, votre sœur a son anniversaire bientôt, vous cherchez des idées, ou il pourrait plaire à une de vos amies).

Étape 2

Enchaînez sur des anecdotes que vous aimez raconter et amusez-vous à réinterpréter ses réponses :

Racontez des anecdotes/histoires : essayez de vous rappeler des histoires croustillantes qui vous mettent en avant. Par exemple la fois où un homme vous a demandé son chemin, alors qu'en fait il vous trouvait tout à fait à son goût…

Réinterprétez ses propos : rebondissez sur ce qu'elle vous dit en le réinterprétant de façon drôle/sexy, trouvez n'importe quoi d'amusant pour lui dire que c'est elle qui vous drague finalement. C'est une manière très efficace d'instaurer une tension et de jouer avec un rapport de séduction inversé.

Étape 3

Amusez-vous à retourner le sens du rapport pour la provoquer et créer une tension. Attention, vous devez savoir et comprendre que certaines personnes réagiront négativement et tenteront d'écourter le rapport. Privilégiez celles qui rentrent dans le jeu, c'est avec elles que vous avez le plus de chances de concrétiser. Vous pouvez essayer de jouer avec elle de cette façon :

- « Arrête de me regarder comme si j'étais un éclair au chocolat, je ne suis pas un mec facile… »
- « Tu sais, j'ai lu dans un magazine qu'une femme qui fait X, Y, Z (se caresser les cheveux, se tenir face à l'autre, ne pas se tenir en face de l'autre, s'appuyer sur une jambe, avoir un pied en direction de la personne, faire tel geste, porter tel vêtement), il faut s'en méfier, parce qu'elle tente de séduire/ manipuler son interlocuteur. »

Étape 4

Instaurez des petits jeux de rôle ensuite pour entrer dans une dynamique légère qui aura l'avantage de vous différencier des autres. En effet cela montrera que vous êtes à l'aise en toutes circonstances, que vous avez une personnalité atypique et que vous êtes très imaginatif. Ce sont évidemment des qualités recherchées en séduction.

- « D'ailleurs je cherche un garde du corps pour que ce genre de situation n'arrive plus, tu as déjà fait du judo ? »
- « C'est marrant, tu ressembles trop à une petite-cousine, tu sais ce que je vais faire avec toi ? Je vais t'emballer dans un carton, tu sais avec les petits trucs en polystyrène ? Et on ira à New York, je t'emmènerai faire du shopping, et tu seras à mon bras (la prendre par le bras), dans les rues toutes les filles seront jalouses de toi ! »
- « Tu es bizarre… Marions-nous à Las Vegas. Non, impossible, on ne s'entendrait jamais sur les couleurs des fleurs et sur ta robe. Tu t'imagines te marier en bikini ? », etc.

Étape 5

Identifiez rapidement quelques-uns de ses traits de caractère. Extrapolez ces caractéristiques et faites-lui part de vos petites déductions. Les filles adorent qu'on s'intéresse à elles d'une façon légère. Vous pouvez également être un peu provocant pour susciter des réactions émotionnelles et ainsi rentrer dans un rapport de séduction clair.

- « Alors toi, tu dois être la méchante/gentille du groupe. »
- « Je parie que tu es celle qui largue plutôt que celle qui se fait larguer (ou l'inverse, selon l'inspiration). »
- « Tu es assez dominante dans ton groupe ? Je t'imagine bien faire la tête si tes copines ne sont pas d'accord pour aller dans le bar que tu as choisi. Mais en même temps, parfois tu as peur d'être seule, et au fond ça te bloque pour être vraiment toi-même. »

Étape 6

Affirmez votre intérêt dès que vous avez eu des signes montrant le sien. Qu'elle ait verbalisé ou non son intérêt pour vous, vous devez montrer finement qu'elle vous intéresse.

- « J'aime bien ton style. »
- « Tu dégages pas mal d'énergie, j'aime bien. »
- « J'ai bien aimé parler avec toi. »

Étape 7

Tentez d'échanger vos numéros de téléphone comme je vous l'ai expliqué dans le chapitre de la séduction en pratique (voir page 123). Assumez le fait qu'elle vous intéresse et proposez-lui de vous revoir autour d'un café ou d'une sortie intéressante. Soyez toujours inventif dans vos propositions de sorties.

Maintenant que vous avez un schéma précis sur l'art d'aborder une femme, vous allez vous entraîner à le faire dans différentes situations afin d'être à l'aise dans n'importe quelle occasion. Vous devrez ensuite modifier votre façon d'aborder et de rencontrer pour que cela soit le plus naturel possible.

En suivant le même schéma, abordez :

- une femme seule statique

- une femme seule en mouvement
- un groupe de deux femmes
- un groupe de trois femmes (et plus)
- un groupe de deux mixte
- un groupe de trois mixte (et plus)

Ensuite faites la même chose dans ces lieux, en suivant l'ordre de difficulté croissante :
- dans la rue
- dans un lieu fermé : kiosque, bibliothèque...
- dans le métro/RER/bus
- dans un bar
- dans une boîte/un club
- dans un restaurant/une boutique

N'oubliez pas qu'il s'agit d'un plan généraliste qui fait état de tout ce qui est efficace dans une rencontre et non pas d'un plan infaillible qui vous fera réussir à 100 %. C'est à vous d'apprendre comment vous souhaitez rencontrer une femme. Vous pouvez le faire d'une façon très franche et directe et ainsi vous limiter à une minute de discussion, mais vous pouvez aussi prendre tout le temps nécessaire et créer une conversation d'une heure dans un groupe avant d'obtenir le numéro de celle qui vous intéresse.

Vous devriez avoir maintenant collecté quelques numéros pour pouvoir vous entraîner au téléphone et développer votre aisance avec le sexe opposé. Si vous le souhaitez, n'hésitez pas à relire les conseils page 128.

4 exercices pour travailler son look

Il s'agit d'exercices un peu particuliers que je vous propose ici. Si la plupart des hommes ont du mal à trouver leur style, c'est qu'ils manquent de repères et ont une image floue de ce que peut donner un beau vêtement. Or, pour porter une belle pièce, encore faut-il aller dans des boutiques. Beaucoup ont peur d'entrer dans une boutique vide, et pire encore, quand il s'agit d'essayer sans acheter. Pour certains, c'est mission impossible. Je vous ai donc concocté un petit programme mode sur neuf semaines, en quatre exercices. Le premier consiste à repérer les meilleures pièces de votre ville.

Exercice 1 : trouver ce qui vous va

« Comment connaître les meilleures boutiques de sa ville ? » Question qui revient très souvent. Malheureusement, je ne connais pas toutes les villes de France. Pour peu que vous ayez un minimum de relationnel, vous pouvez tout à fait dresser une carte fiable de la mode mascvuline de votre ville. Voici comment faire : en premier lieu, vous devez repérer les enseignes « haut de gamme » qui vendent du Hugo Boss, Kenzo, ou toute autre marque de luxe grand public. Discutez avec le vendeur de sa sélection, de ses goûts personnels, et demandez-lui quelles sont les boutiques de mode qu'il aime fréquenter dans votre ville. Profitez-en pour lui demander les bonnes adresses de retouches, ça vous servira forcément.

Allez dans les boutiques qu'il vous a conseillées, et refaites le même exercice avec chaque vendeur de chaque boutique. Visiter trois ou quatre adresses sera déjà un très bon début. À présent, un bon panorama de la mode masculine s'offre à vous. Il est temps de passer aux essayages.

Exercice 2 : apprendre à voir ce qui vous va

Je crois fermement que l'apprentissage du style et du goût se fait grâce à une multitude d'essayages, dans plusieurs boutiques et ce sur plusieurs semaines. Voilà pourquoi j'accorde une place fondamentale aux essayages pendant ces neuf semaines.

Période	Exercice
Les trois premières semaines	Discutez avec au moins deux vendeurs dans une petite boutique (pas de prêt-à-porter grand public comme Zara, Celio…). Je veux que vous sachiez pourquoi il a sélectionné ces pièces et ce qu'il compte faire rentrer prochainement. Trois essayages de vêtements qui ne nécessitent pas de passage en cabine : veste, manteau, blouson, etc.
Les trois semaines suivantes	Trois essayages de vêtements qui nécessitent un passage en cabine (jean, chemise, pull, etc.) dans le plus de boutiques possibles (n'essayez pas tout dans la même boutique).
Les trois semaines suivantes	Trois essayages de vêtements qui nécessitent un passage en cabine, dans les boutiques les plus petites possibles. Ce dernier objectif a pour but de vous libérer de la gêne inutile et injustifiée que vous ressentez quand vous êtes face à un vendeur dans une boutique vide.

Normalement, vous aurez un regard beaucoup plus clair sur ce qui vous va, et une bonne connaissance de la mode homme de votre ville. C'est très bénéfique pour vous. Aussi, retenez bien les pièces qui vous ont tapé dans l'œil, cela vous servira pour la suite.

Exercice 3 : garder ce qui vous va

Après ce petit programme, et armé de votre nouveau bon goût, vous allez maintenant trier votre garde-robe. Faites d'abord un premier écrémage en ne sélectionnant que les 20 % de vêtements que vous portez 80 % du temps. Interrogez-vous sur l'utilité de garder les autres. Sont-ils mal coupés ? Peu stylés ? Trop vieux ? Soyez impitoyable ! Débarrassez-vous en priorité des vieux jeans que vous avez trop passés en machine, des chemises trop grandes et des vieux T-shirts trop larges.

Revenez ensuite sur les 20 % de pièces que vous avez gardées. Regardez-les d'un œil neuf, et appliquez tout ce que vous avez appris. Avec les essayages précédemment effectués, vous avez suffisamment de goût pour déceler les faiblesses de votre garde-robe. Peut-être vous manque-t-il un beau jean ou vos chemises ont-elles besoin d'être renouvelées.

Exercice 4 : acheter ce qui vous va

Encore une fois, les essayages précédents vous aideront à coup sûr à y voir plus clair. Vous avez forcément repéré des pièces qui vous vont mieux que les autres. Établissez vos priorités d'achats, et budgétez les prochaines pièces à acheter. Grâce à toutes les boutiques que vous avez visitées, il vous sera facile de savoir où trouver votre prochaine pièce. N'oubliez pas, tant que vous n'avez pas de basiques solides, évitez les pièces très marquées. Si vous avez un budget restreint, concentrez-vous sur les chaussures et une grosse pièce que vous mettrez très souvent (manteau si vous êtes en hiver, trench/blouson en été, beau costume si vous en portez dans votre job).

Contrairement aux chemises ou jeans bruts corrects qu'on peut trouver en prêt-à-porter grand public (Zara, H&M, etc.), on ne peut pas tricher avec des chaussures. Il en va de même pour une pièce forte bon marché que vous porterez de manière intensive et qui montrera très vite des signes d'usure (épaules qui s'affaissent, matière qui bouloche, boutons qui lâchent...). Avec l'expérience acquise sur le terrain, vous devriez facilement vous construire un style élégant et durable.

Enfin, entretenez votre goût en achetant un magazine de temps en temps (*Monsieur* ou *L'Officiel* par exemple) ou en accompagnant vos amis pendant leur shopping.

5 habitudes pour un meilleur langage corporel

Un bon langage corporel est le fruit d'habitudes saines et d'un état d'esprit dynamique. C'est un travail sur le long terme : plusieurs semaines voire plusieurs mois. Plus que des exercices, ce sont des habitudes que j'aimerais que vous intégriez dans votre vie quotidienne.

Habitude 1 : sourire

Chaque fois que l'on vous dira bonjour, souriez. On vous sert la main, souriez. On vous fait la bise, souriez. Vous allez à la caisse, vous souriez au moment de dire au revoir.

De manière générale, commencez et finissez vos interactions sociales par un sourire.

Vous devriez commencer à voir du changement autour de vous au bout d'une semaine ou deux. Le sourire est un atout. Remarquez combien il arrive de meilleures choses aux personnes qui prennent cette habitude. Le positif attire le positif. Cet acte a priori anodin doit faire partie intégrante de votre état d'esprit que vous vous serez appliqué à développer tout au long de ces semaines.

Si vous avez difficultés à sourire, comme je l'ai expliqué dans le chapitre sur le langage corporel, vous devez trouver une réponse à la question : « Qu'est-ce qui vous fait sourire dans la vie ? »

Demandez-vous pourquoi vous ne souriez pas assez. Manque de forme ? Baisse de moral ? Trouvez et réparez ce qu'il y a à réparer.

Habitude 2 : bien marcher

Quand vous allez faire du shopping, faites attention à votre manière de marcher. Il y a souvent des miroirs ou des reflets partout, servez-vous-en pour jauger votre posture. N'oubliez pas la technique du fil imaginaire au sommet de votre crâne qui vous tire vers le haut. Le meilleur moyen de bien se tenir reste de porter une veste très bien coupée, qui vous oblige à creuser le ventre et à ressortir vos épaules. Si vous la portez avec une chemise et que le col ne touche pas votre nuque, cela signifie que vous devez vous redresser. Vous avez là un très bon indicateur de votre posture.

Habitude 3 : bien s'asseoir

J'ai remarqué que parmi mes clients, certains faisaient beaucoup d'efforts pour se tenir droits, mais oubliaient tout au moment de s'asseoir. Et pourtant, nous vivons dans une société où la position assise est extrêmement fréquente. Alors que ce soit dans le métro ou au bureau, ne vous avachissez pas sur votre chaise. Non seulement vous dégagez une image de mollesse et de fatigue, mais c'est mauvais pour la santé de votre dos. Alors, même assis, tenez-vous droit. Quand vous êtes assis dans un cadre beaucoup plus décontracté, avec un dossier un peu bas, n'hésitez pas à prendre la place dont vous avez besoin, celle qui vous est le plus confortable. Si par exemple, vous trouvez plus confortable de vous pencher en arrière, faites-le. Servez-vous également des accoudoirs, ils sont là pour votre confort et vous serez plus détendu.

Habitude 4 : bien regarder

C'est une habitude qui peut être difficile pour certains, mais essayez, pendant toute une journée, de maintenir le contact visuel avec toutes les belles femmes que vous allez croiser. Il faut toujours que ce soit elles qui détournent les yeux en premier, c'est la règle de cet exercice. Soignez vos expressions faciales : soyez détendu, avec un sourire en coin et vous serez surpris de voir que les femmes vous le rendront bien (sourire de leur part, petite gêne toute charmante, etc.). Maintenez le contact visuel avec au moins une dizaine de femmes.

Habitude 5 : bien prendre son temps

Pendant une journée, mettez-vous en tête que tout le monde écoutera ce que vous avez à dire et donc vous n'avez pas à vous presser. Cet exercice a pour but de vous faire perdre l'habitude de vous précipiter et de parler trop vite. Ne vous forcez pas à parler d'une voix grave à l'extrême ou de faire exprès de parler lentement mais prenez votre temps, c'est tout. Parlez tranquillement et de manière confiante, c'est le principal. Vous gagnerez beaucoup en charisme.

4 exercices pour être sexuellement confiant

Donner des exercices sur la sexualité se révèle difficile, je ne suis pas sexologue. Je vais néanmoins vous pousser à devenir physiquement à l'aise avec une femme. Il doit devenir naturel pour vous de vouloir embrasser une femme et de lui apporter de l'affection.

Exercice 1 : pas de porno, pas de problèmes

Arrêtez absolument le porno. Sur mon campus, lorsque j'étais étudiant, les sites les plus visités étaient des sites pour adultes, cela en dit long sur ce fléau qui ravage la sexualité, malheureusement encore trop taboue. Le porno s'attaque insidieusement à vos croyances et vous pousse à vous comporter comme un rustre au lit. Pire encore, cela vous conditionne à être excité par des pratiques inutiles de type éjaculation faciale, ou par des gros seins artificiels. Sans compter les complexes de taille de pénis qui peuvent vous traverser l'esprit.

Mais ce que je reproche le plus au porno, c'est la place qu'il prend dans votre tête lorsque vous faites l'amour. Vous pensez à des scènes que vous avez vues plutôt que de vous concentrer vraiment sur les sensations de votre corps et la connexion qui s'établit entre vous et votre amie. Pourtant, être concentré sur des caresses plutôt que sur une vidéo visionnée est la voie la plus saine pour une sexualité épanouie et généreuse. Alors, s'il vous plaît, promettez-moi de vous concentrer sur les caresses de votre amie et oubliez Jenna Jameson. Vous serez ainsi immergé dans le moment présent, le seul qui compte pendant l'acte sexuel.

Exercice 2 : toucher, c'est gagné

Trop d'hommes ont peur de poser franchement leurs mains sur le corps d'une femme. On en revient toujours au même problème, ces hommes-là ont peur de montrer de l'intérêt à une femme, car la peur du rejet et de l'échec constitue un blocage excessif. Ce ne sera plus le cas avec cet exercice. Sur un mois, voici une liste d'actions à effectuer. Attention, cela ne compte que si vous avez une bonne réaction en retour.

- Gardez votre main sur le dos d'une fille pendant au moins une minute. Cela peut être quand vous êtes assis tous les deux sur une banquette, ou pendant que vous entretenez une conversation très profonde avec elle.
- Caressez la main d'une femme que vous connaissez depuis moins de 10 minutes.
- Plus difficile, faites un câlin à une fille que vous venez tout juste de rencontrer.

Faites ces exercices deux fois dans le mois afin de ne plus avoir peur de toucher une femme. Vous détruirez alors une insécurité vraiment néfaste pour votre vie sentimentale.

Exercice 3 : embrasser, c'est gagné

Sur un mois, rencontrez des femmes, et débrouillez-vous pour tenter un baiser sur au moins cinq d'entre elles. Si une femme vous rejette, comptez un point, si elle vous embrasse en retour, comptez-en deux. Au bout de dix points, l'exercice est réussi. Cet exercice paraît ambitieux, mais vous devez prendre conscience qu'il est beaucoup plus facile d'embrasser une fille qu'on le croit, et surtout qu'un refus de sa part n'est pas bien grave. À ce propos, n'oubliez pas que vous verrez vos chances augmenter avec cette femme si vous prenez ce refus en gardant votre confiance et votre bonne humeur. Ne vous mettez pas la pression. Ainsi, vous aurez développé auprès d'elle des qualités très attirantes (détachement, non-réactivité à une situation embarrassante, contrôle, etc.). N'hésitez pas à tenter une deuxième fois votre chance, sauf si évidemment elle cherche à vous fuir.

Utilisez votre curiosité pour l'embrasser : est-ce que c'est une fille qui embrasse bien ? Est-ce qu'elle est passionnée ? Allez chercher la vérité là où elle se trouve.

Après ce redoutable exercice, vous serez à coup sûr un autre homme.

Exercice 4 : communiquer, c'est gagné

Cet exercice consiste à développer votre envie de communiquer pendant que vous faites l'amour. Dites-lui au moins deux phrases pendant la pénétration : vous pouvez dire que vous aimez beaucoup lui faire l'amour ou que son corps vous excite. Il n'y a rien de bien compliqué, vous avez juste à exprimer ce qui vous traverse l'esprit et avec cœur, bien sûr. Les fois suivantes, ajoutez une phrase de plus, jusqu'à ce que vous soyez à l'aise avec le fait de vous exprimer au lit. Dites-le d'une voix rassurante et virile. Quand ce sera naturel pour vous, vous pourrez considérer que cet exercice est une réussite. Je vous encourage à bien internaliser la partie sur la dominance et la virilité au lit (voir page 214), afin que votre côté tendre cohabite sans problème avec votre côté bestial. Je vous laisse constater par vous-même de l'effet ravageur que vous ferez aux femmes.

CONCLUSION

Arrivé au terme de ces pages, laissez-moi vous dire, dans une formule certes bien convenue mais toujours efficace, que le voyage ne fait que commencer.

Ces chapitres dans lesquels vous venez de vous plonger ne doivent pas être pris pour autre chose que ce qu'ils sont : un guide concret, et surtout pratique. Ce serait faire fausse route que de le prendre comme un strict et immuable regroupement de lois universelles en la matière.

Le but est d'adapter ce que vous venez de lire à votre histoire, à votre personnalité et à vos objectifs. À chaque situation à laquelle vous serez confronté en matière de séduction et de développement personnel, n'hésitez pas à revenir sur certains passages et à les mettre en perspective avec votre actualité, sans oublier la dose de recul qui s'impose. Relire certains passages plus tard vous permettra de poser un regard plus neuf sur les conseils de ce livre, celui d'une personne qui progresse et qui chaque jour s'améliore.

Enfin, j'aimerais réitérer quelques conseils et mises en garde qui me semblent plus que salutaires à une démarche de progrès saine et efficace.

Je vous ai parlé en introduction de certains sites Web spécialisés en séduction (américains pour la plupart), pleins de certitudes et d'explications rationnelles pour draguer une femme… Par pitié, ne tombez pas dans ce piège, dont la principale dérive est de vivre et d'exister uniquement au travers du regard de la gent féminine. Vivez votre vie et apprenez à devenir séduisant plutôt que de vivre pour séduire. Ne vous privez surtout pas d'autres perspectives de développement personnel… Look, travail sur vos capacités au leadership, amélioration de votre efficacité professionnelle, entretien physique… Tout peut vous être profitable, à condition de le faire dans le bon état d'esprit. Ne vous en privez pas pour atteindre ce qui doit être votre objectif : être un homme accompli, fier de lui-même, à la fois fort et indépendant.

Devenir séduisant est le point de départ vers une nouvelle vie, plus épanouie.

Alexandre Roth

BIBLIOGRAPHIE

Voici les livres et blogs qui ont influencé mon travail. Je vous encourage à les lire pour enrichir vos connaissances dans le domaine des relations et dynamiques sociales. Certaines œuvres d'auteurs américains sont à prendre avec le recul nécessaire pour pouvoir en tirer une application pratique dans un contexte français.

The Mystery Method: How to Get Beautiful Women into Bed, Erik von Markovik.

The Game, Neil Strauss.

Real World Seduction, Swinggcat.

How to Become an Alpha Male: Attract Women and Become Successful at Seduction, John Alexander.

www.lifestyle-conseil.com

www.alexandreroth.com

www.ludovicvignaud.com

www.academiedelhomme.com

www.bonnegueule.fr

www.frenchtouchseduction.com

www.artdeseduire.com

REMERCIEMENTS

Je tiens à remercier tous ceux qui m'ont soutenu durant l'écriture de ce livre et encouragé dans mes divers projets :

Ludovic Vignaud, Benoît Wojtenka, Jonathan Masia, Marion Picard, Daniel Duong, Pierre Grenier ainsi que Joanne Mirailles des éditions Leduc.s, pour sa curiosité, son investissement et ses rappels à la réalité.

À celle que j'aime.

À ma famille pour leur amour et leur compréhension.

TABLE DES MATIÈRES

DÉCOUVREZ AUSSI, AUX ÉDITIONS LEDUC.S

L'art de la séduction

Robert Greene

La Séduction : la plus belle arme du Pouvoir de tous les temps.

Obtenez ce que vous voulez en manipulant le talon d'Achille de chacun : l'insatiable besoin de plaisir. La séduction est la forme la plus aboutie mais aussi la plus subtile, la plus intelligente du pouvoir. En amour ou en politique, ceux qui réussissent connaissent les rouages de la séduction – un art, en somme, universel, inébranlable.

16,4 × 23,2 cm

504 pages

24,90 euros

ISBN : 978-2-84899-350-8

Devenez riche

Ramit Sethi

Vous aimeriez faire fructifier votre argent ? Économiser suffisamment pour monter votre propre entreprise ? Ou faire le voyage de vos rêves ? Et si c'était juste une question de gestion et de méthode ?

Dans ce guide vraiment très pratique, découvrez des conseils simples à mettre en œuvre et qui changeront votre vie. N'attendez plus, passez à l'action et suivez un programme en 6 semaines pour réorganiser vos finances.

14,5 × 22,5 cm

336 pages

17,90 euros

ISBN : 978-2-84899-421-5

Pour recevoir notre catalogue, merci de bien vouloir photocopier, recopier ou découper ce formulaire et nous le retourner complété à :

Éditions Leduc.s
17 rue du regard
75006 Paris

Vous pouvez aussi répondre au formulaire disponible sur Internet :

www.leduc-s.com

NOM : ....

PRÉNOM : ....

ADRESSE : ....

....

CODE POSTAL : ....

VILLE : ....

PAYS : ....

ADRESSE@MAIL : ....

ÂGE : ....

PROFESSION : ....

Titre de l'ouvrage dans lequel est insérée cette page :

Le kit de l'homme séduisant

Lieu d'achat : ....

Avez-vous une suggestion à nous faire ?

....

....

....

À ....   LE ....

Conformément à la loi Informatique et Libertés du 6 janvier 1978, vous disposez d'un droit d'accès et de rectification aux données personnelles vous concernant.

Achevé d'imprimer en mars 2011
sur les presses de la Nouvelle Imprimerie Laballery
58500 Clamecy
Dépôt légal : mars 2011
Numéro d'impression : 103169

Imprimé en France

La Nouvelle Imprimerie Laballery est titulaire de la marque Imprim'Vert®